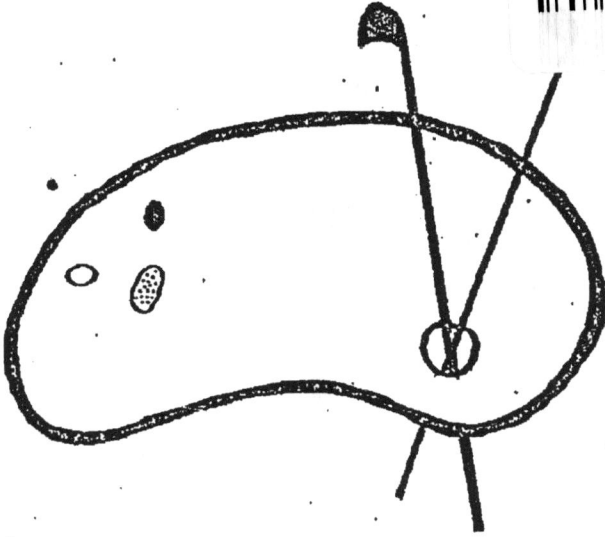

DEBUT D'UNE SERIE DE DOCUMENTS
EN COULEUR

Contraste insuffisant des couvertures
supérieure et inférieure

Religions et Sciences Occultes

Henri MODY

L'Hypnotisme

et la

Suggestion

BLOUD & Cᵉ

S. et R. 681

LIBRAIRIE BLOUD & Cie, 7, Place Saint-Sulpice, 7, PARIS

L'AVENIR DU CHRISTIANISME

Par Albert DUFOURCQ

Professeur à la Faculté des Lettres de l'Université de Bordeaux
Lauréat de l'Académie Française
Et de l'Académie des Inscriptions et Belles-Lettres

OUVRAGE COURONNÉ PAR L'ACADÉMIE DES SCIENCES MORALES ET POLITIQUES

Prix de chaque volume in-16, broché 3 fr. 50

Première Partie
LE PASSÉ CHRÉTIEN

I. — ÉPOQUE ORIENTALE

Tome I. — *Histoire comparée de la religion païenne et de la religion juive jusqu'au temps d'Alexandre le Grand.*

II. — ÉPOQUE SYNCRÉTISTE
Histoire de la Fondation de l'Église

Tome II. — *La Révolution religieuse.*
Tome III. — *Le Christianisme primitif.*

III. — ÉPOQUE MÉDITERRANÉENNE
Histoire de l'Église, du IIIe au XIe siècle

Tome IV. — *Le Christianisme et l'Empire.*
Tome V. — *Le Christianisme et les Barbares.*

IV. — ÉPOQUE OCCIDENTALE
Histoire de l'Église, du XIe à la fin du XVIIIe siècle

Tome VI. — *Le Christianisme et l'organisation féodale (1049-1300).*

POUR PARAITRE PROCHAINEMENT

Tome VII. — *Le Christianisme et la désorganisation individualiste (1303-1527).*
Tome VIII. — *Le Christianisme et la réorganisation absolutiste (1527-1789).*

Deuxième Partie
LES TEMPS PRÉSENTS
LA VIE CHRÉTIENNE AUX VIEUX PAYS
(Europe occidentale)

I-II. — *Le Christianisme et la Révolution française (1789-1815).*
III-IV. — *Le Christianisme, Grégoire XVI et Lamennais (1815-1848).*
V. — *Le Christianisme et Pie IX (1848-1878).*
VI. — *Le Christianisme et Léon XIII (1878-1903).*

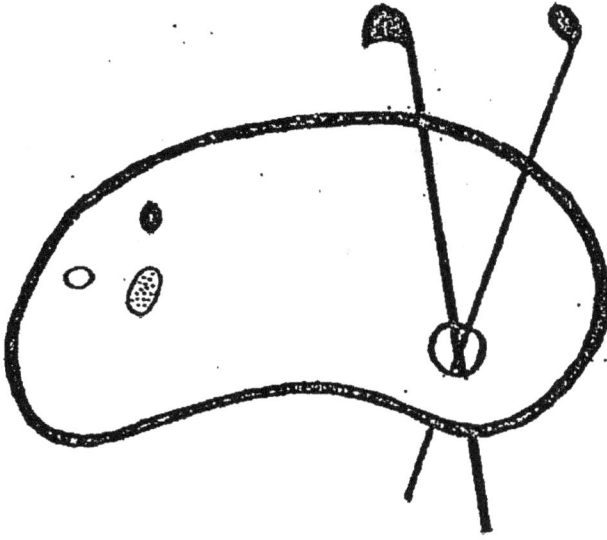

FIN D'UNE SERIE DE DOCUMENTS
EN COULEUR

L'Hypnotisme

ET LA

Suggestion

PAR

HENRI JOLY

DE L'INSTITUT

8'R

14946 (G21)

PARIS

LIBRAIRIE BLOUD ET Cie

7, PLACE SAINT-SULPICE, 7

1 ET 3, RUE FÉROU. — 6, RUE DU CANIVET

1913

L'Hypnotisme
et la Suggestion

I. — Premières origines.
L'idée du magnétisme.

Il est devenu difficile, je ne dirai pas de classer, mais
de compter les publications relatives à la suggestion et à
l'hypnotisme. Je demande donc au lecteur la permission
de le conduire assez rapidement au moment même où
nous sommes. Je le tiens pour suffisamment informé
des premières origines de la question. Il sait le bruit
que fit, aux approches de la Révolution, Mesmer avec
le magnétisme animal. Il sait que ce mot (dont la vie
est dure) désignait une hypothèse caressée encore
aujourd'hui par quelques esprits, celle d'un fluide
analogue à l'aimant, que certaines personnes auraient
le pouvoir de dégager, puis de diriger sur tels ou tels de
leurs semblables pour y produire des effets merveilleux,
sommeils artificiels, extases, visions, guérisons sans
remèdes. Le lecteur sait qu'une commission nommée
par l'Académie des sciences en 1784 (et dont faisaient
partie Franklin, Bailly et Lavoisier) fut chargée d'exa-
miner les pratiques de Mesmer : elle écarta l'idée d'un
fluide animal universel, et dans les phénomènes que

l'on attribuait au jeu de ce fluide, elle essaya faiblement de démêler la part respective de ces trois causes, *imitation, imagination* et *attouchement.* Les mots du moins étaient heureusement trouvés : ils contenaient l'indication de toute une méthode propre à vérifier plus d'un fait réel. Mais les esprits ne tardèrent pas à être occupés de choses plus immédiates : la Terreur et la guerre allaient suffire aux imaginations les plus avides d'émotions et de coups de théâtre.

Dès la fin de l'Empire, cependant, Deleuze et l'abbé Faria ramenaient l'attention sur le magnétisme. Ce n'était malheureusement pas par les voies de l'observation et de l'expérience méthodiques. Partiellement éclairés, comme nous le sommes ou croyons l'être aujourd'hui, sur la production de faits jugés longtemps impossibles, nous ne traitons sans doute pas ces hommes de charlatans. Nous voyons qu'ils mettaient en action des forces dont ils ne savaient pas se rendre compte et qui leur donnaient des effets de nature à leur causer à eux-mêmes d'assez vives surprises. Mais, cédant à une pente bien humaine, ils visaient plutôt à dépasser la sphère de la nature et celle de la science qu'à s'y tenir scrupuleusement pour y avancer pas à pas.

Saisie de la question en 1825, obligée de se prononcer en 1831, l'Académie des sciences ne voulut, elle aussi, porter le débat que sur ce terrain imaginaire. Elle demanda qu'on lui donnât des preuves de double vue, de lecture à distance ou à travers des milieux opaques. Là elle n'eut à constater que des échecs. Comme on l'a dit, « cherchant le merveilleux et ne l'obtenant pas, elle conclut purement et simplement à la non-existence du magnétisme (1) ».

---

(1) FOVEAU DE COURMELLES, *l'Hypnotisme.* Paris, Hachette (Bibliothèque des Merveilles).

II. — Les débuts d'une méthode scientifique. Alexandre Bertrand. — Braid : Apparition des mots d'hypnotisme et de suggestion.

Ainsi chassée, la question revint bientôt par d'autres portes. Déjà en 1826, un Français, Alexandre Bertrand, ancien élève de l'École polytechnique, avait réuni des observations et émis des idées d'un haut intérêt. Le fait du somnambulisme naturel pouvait passer pour bien établi : il l'étudia, et il eut l'idée très scientifique d'en rapprocher l'état des magnétisés, désigné désormais sous le nom de *somnambulisme artificiel*. Chez les uns et chez les autres il remarqua : 1º ce qu'il appelait l'inertie morale, c'est-à-dire l'incapacité de régler soi-même ses propres idées; 2º une exaltation extraordinaire de l'imagination, de celle-là tout au moins que les psychologues appellent imagination passive; 3º une tendance à ne ressentir que les impressions en rapport avec la série des idées qui les occupent, mais à les ressentir très subtilement et très fortement.

Là aussi, on pouvait trouver des cadres tout tracés pour des expériences nombreuses. Ce qui, dans les milieux scientifiques, arrêtait ces expériences, c'était le discrédit où l'action des magnétiseurs était si vite tombée. Pour étudier les analogies du somnambulisme naturel et du somnambulisme artificiel, il fallait produire ce dernier. Mais comment? Par des passes dites magnétiques? Par l'appel d'un fluide insaisissable? Cela sentait le charlatanisme, et les esprits sérieux s'en détournaient.

Ce fut donc un grand service que rendit le chirurgien anglais Braid, quand il donna un moyen très simple de produire une certaine espèce de sommeil. Il tenait un objet brillant devant le patient, à 8 ou 15 pouces de ses yeux et un peu haut, de manière à fixer son regard en lui faisant lever les yeux et les paupières. Bientôt un

strabisme convergent et une fatigue intense des paupières amenaient cet état qu'on a appelé depuis lors
l'hypnotisme (1) (quelquefois, mais plus rarement, le
braidisme). Cet état semblait être le sommeil. En réalité, il offrait tout d'abord les caractères bien apparents
du sommeil ordinaire. Mais il présentait de plus des
symptômes qui rappelaient successivement le magnétisme de Mesmer et le double somnambulisme observé
par Alexandre Bertrand. Braid et les physiologistes anglais qui, comme Carpenter, examinèrent de près ces
expériences, en firent aussitôt la remarque. Chez les
sujets de Braid, Carpenter, par exemple, avait parfaitement bien observé : 1º une acuité sensorielle extraordinaire, l'odorat porté à une finesse « égalant au moins celle
des animaux ruminants ou carnivores ayant le meilleur
nez » ; 2º le caractère partiel et limité de cette surexcitation : ainsi, chez les hypnotisés comme chez les somnambules, la vue est complètement suspendue et il y a, en
bien des points, sommeil profond, insensibilité à la douleur, aptitude à surmonter impassiblement des opéra-
tions chirurgicales ; 3º la surexcitation toute spéciale du
sens musculaire, devenu capable de remplacer la vue,
comme il la remplace chez les somnambules ordinaires ;
4º l'influence toujours marquée d'une idée non seulement
dominante, mais exclusive, faisant sentir très vivement
tout ce qui est en conformité ou en rapport direct avec
elle, condamnant tout le reste à demeurer absolument
inaperçu ; 5º la possibilité pour l'hypnotiseur de choisir
et d'imposer cette idée par la suggestion (c'est ici que
commencent les destinées de ce mot fameux) ; 6º la possibilité de modifier instantanément les suggestions et de

(1) En 1866, on lisait dans les *Annales médico-psychologiques* la
définition suivante : « L'hypnotisme est un moyen particulier de provoquer un sommeil nerveux, un somnambulisme artificiel, accom-
pagné d'anesthésie, d'hyperesthésie, de catalepsie et de quelques autres
phénomènes portant sur le sens musculaire et sur l'intelligence. »

changer par là même d'un seul coup toute l'orientation des idées et des mouvements du sujet; 7° la possibilité de suggérer alternativement des mouvements par les idées et des idées par les mouvements, autrement dit, de faire exécuter des actes en en suggérant directement l'idée par la parole et de déterminer des idées, des imaginations, des sentiments, en imposant au corps les gestes, les atti - tudes, les mouvements qui d'habitude y corresponden t ; 8° la possibilité d'agir par la suggestion sur les fonctions internes elles-mêmes et, par conséquent, de calmer, sinon de guérir, certaines maladies en persuadant qu'on ne les a plus. C'est en 1842 que Braid mettait tous ces faits en pleine lumière. Le lecteur peut voir aisément ce qui s'y retrouve des explications sommaires de Bailly et de Lavoisier, mais surtout des observations d'Alexandre Bertrand. Quant aux magnétiseurs proprement dits, comme Mesmer, comme Deleuze, comme l'abbé Faria, comme du Potet, on retrouve ici, non pas leurs théories, mais bon nombre des faits qu'on leur contestait. Le merveilleux est écarté : c'est une cause d'ordre naturel qui intervient dès le début, elle y intervient avec un mélange, facile à analyser, d'action physique et d'action mentale se secondant l'une l'autre, comme elles le font si souvent dans la production du sommeil normal. L'influence personnelle n'est pas écartée ; mais elle se ramène à un certain art de produire d'abord l'attention expectante et la fatigue cérébrale qui en résulte, puis la confiance et, avec elle, une docilité qui, abolissant la la lutte et la résistance des idées, facilite encore davantage la suggestion. Hypnotisme et suggestion sont ainsi désormais liés l'une à l'autre, mais d'un enchaînement beaucoup plus simple et plus intelligible qu'il ne le semblait quand on se laissait éblouir par certains faits isolés du mesmérisme ou même par ceux du somnambulisme provoqué.

III. — Élargissement du champ d'études. — Rapprochements entre les différentes maladies nerveuses.

Les idées de Braid mirent du temps à se propager. En 1851 seulement, Littré leur donnait asile dans les savantes notes qu'il ajoutait à l'édition française de la *Physiologie* de Müller (1). Puis vinrent les traductions partielles (dans les *Annales médico-psychologiques*) (2) et plus tard complètes (3).

En 1862, M. Durand de Gros publiait (sous le pseudonyme du Dr Philips) un *Traité théorique de braidisme*.

Quelques recueils et surtout les *Annales médico-psychologiques* revenaient périodiquement sur les résultats des procédés de Braid ; le Dr Liébault, à Nancy, poursuivait ses études sur le sommeil et sur les états qui s'en rapprochent. Alfred Maury signalait l'analogie de ses procédés avec les pratiques de la sorcellerie et de la magie des siècles antérieurs. Des médecins aliénistes, comme le Dr Mesnet, retrouvaient une partie de ces phénomènes dans certains malades dont le cerveau avait été partiellement lésé par des blessures. D'autres, comme Lasègue et plus tard Dumontpallier, les retrouvaient chez les hystériques. On voit sans peine l'intérêt de ces derniers travaux : ils tendaient à faire rentrer les sujets hypnotisés dans une catégorie toute remplie déjà d'états nerveux (hystérie, catalepsie, léthargie, extase). Le problème semblait se réduire à montrer les différences et les ressemblances de ces états, suivant qu'ils étaient produits par une maladie spontanée ou qu'ils étaient provoqués artificiellement pour un temps

---

(1) Tome II, p. 508 et suiv. (Paris, J.-B. Baillière).
(2) Voy. l'année 1866.
(3) En 1883 seulement (par le Dr J. Simon et préface de Brown-Séquard), sous ce titre : *La Neurypnologie*, Paris, Lecrosnier.

très court. C'était bien la continuation, c'était le perfectionnement de la méthode inaugurée par Alexandre Bertrand sur les deux somnambulismes (1).

A travers les études qui se continuèrent encore de 1875 à 1882, je signalerai surtout les suivantes. Le docteur Azam, de Bordeaux, eut le privilège de tomber sur un sujet extraordinaire, la célèbre Félida X, qui lui fit approfondir le cas d'amnésie (oubli) périodique et de dédoublement de la personnalité. Quand les crises... disons d'hystérie, survenaient chez Félida, elles duraient longtemps ; et, par la modification profonde qu'elles imprimaient à tout son être, elles la faisaient vivre d'une vie sensible, imaginative, finalement même intellectuelle et active toute nouvelle, destinée à reprendre plus tard son cours, à un nouveau retour de la crise. En revanche, toutes les fois que les crises étaient suspendues, la suite des états normaux se renouait, les habitudes interrompues reprenaient leur empire, et ainsi de suite. Avec cette histoire de Félida, nouvelles comparaisons, nouveaux rapprochements entre le fait grossi par une maladie exceptionnelle, très longue, très facile à étudier, et ces accès souvent répétés, mais courts, de l'hypnotisme expérimental.

IV. — Études du fait de suggestion. — La suggestion immédiate. — La suggestion à échéance. — La suggestion mentale. — Les faits et les hypothèses.

Ces dernières recherches portaient surtout sur le fait de l'hypnotisne ou de l'état nerveux de la personne totale. D'autres furent bientôt conduites sur le fait

(1) On me permettra de rappeler ici qu'en 1877 je donnai, à la librairie Hachette, une étude sur l'imagination, résumé d'un cours fait en 1872 à la Faculté des lettres de Dijon. Je m'y efforçais d'en-

spécial de la suggestion. Ces dernières sont dues à des expérimentateurs, parmi lesquels il faut citer M. Charles Richet. La suggestion proprement dite — suggestion de sensations, suggestion d'imaginations et d'idées, suggestion de mouvements — avait été parfaitement étudiée par Braid et par ses élèves ou ses continuateurs immédiats. Depuis une douzaine d'années, on y a ajouté l'étude de plusieurs formes qui, de proche en proche, nous acheminent à ce que l'on considérait, il y a peu de temps encore, comme du merveilleux tout pur.

C'est d'abord la suggestion *à échéance*. Jusque-là, la suggestion agissait instantanément. On présentait à un homme hypnotisé un verre d'eau claire, et on lui disait : « Voici du champagne »; il buvait, et il éprouvait visiblement un commencement d'ébriété. On lui disait : « Vous pouvez soulever aisément cette barre de fer » ; il la soulevait avec rapidité, quoique le poids en dépassât ses aptitudes normales et habituelles. On lui disait : « Vous êtes l'archevêque de Paris », et aussitôt il donnait sa bénédiction à ceux dont il se croyait entouré. — Depuis les expériences nouvelles, on dit à un patient : « Vous ferez telle chose demain, à telle heure » ; il se réveille, il a tout oublié ; mais à l'heure dite, entraîné par une impulsion dont il ne se rend pas compte, quelquefois avec regret ou embarras, il exécute l'ordre reçu.

Si difficile que ce fait soit à expliquer, il n'en est pas moins établi par des expériences nombreuses et où tout soupçon de simulation doit être écarté. Peu à peu, dans les expériences connues, les délais s'allongent. C'était d'abord à quelques heures de la séance d'hypnotisation qu'on avait mis l'échéance de la suggestion. On l'a reportée à des semaines, à des mois.

chaîner toutes ces découvertes et de les ramener à quelques lois fondamentales dont l'étude même de l'Imagination normale me semblait devoir fournir les principaux éléments.

Dans tous ces cas, cependant, il s'agissait d'une suggestion faite à haute voix, avec le ton ordinaire de commandement qui produit impression et qui se retient. Mais à cette suggestion à échéance est venue s'ajouter la suggestion *mentale*, la suggestion par communication muette des impressions, des sentiments, des désirs, des volontés, des mouvements exécutés ou ébauchés (1). Si étonnante que l'assertion puisse paraître au premier abord, je dirai qu'ici même les faits sont assez nombreux.

Quelques-uns des anciens magnétiseurs (de ceux qu'on peut lire, avec critique sans doute, mais sans trop de défiance, comme La Fontaine (2) ou le comte de Maricourt (3), avaient déjà rapporté des cas semblables. Quand une somnambule, disaient-ils, croit deviner le mal du consultant, c'est qu'il lui a semblé l'éprouver elle-même. Personne ne doute que, dans le somnambulisme naturel, le malade ne puisse marcher avec sûreté sur le haut d'un toit, lire et écrire dans l'obscurité, et ainsi de suite. Eh bien! que l'acuité de ses sens s'ouvre de préférence aux impressions physiques d'un contact humain, elle ressentira des sympathies d'une extrême délicatesse qui lui inspireront ou lui imposeront son diagnostic. Le comte de Maricourt — un galant homme et qui n'est point sot — nous raconte une histoire du même genre. « Ayant, dit-il, une violente rage de dents pendant que je magnétisais une personne, je voulus lui faire ressentir mon mal. Elle poussa aussitôt un cri aigu et porta la main à une dent parfaitement saine, correspondant à celle qui chez moi était attaquée. » Expliquer n'est souvent que rap-

(1) Voy. D' OCHOROWITZ, *De la suggestion mentale*. Paris, 1887.
(2) LA FONTAINE, *Souvenirs d'un magnétiseur*, 7ᵉ édition. Paris, Alcan.
(3) Comte DE MARICOURT, *Mémoires d'un magnétiseur*. Paris, Plon.

procher. Or ces faits peuvent être rapprochés de faits
moins suspects. Des personnages bien connus (1) ont
recommencé publiquement et avec succès les expériences de Cumberland. On sait que celui-ci se faisait fort
de deviner, devinait, en effet, la personne ou la chose
à laquelle pensait une personne donnée. Tout son secret
était de tenir dans sa main la main de cette dernière
personne et de marcher avec elle dans la salle. Un im-
perceptible tressaillement lui indiquait le moment où
tous les deux arrivaient devant « le but ». Ce son; là
de ces mouvements, non seulement involontaires, mais
inconscients, c'est-à-dire ignorés (presque toujours) de
celui-là même qui les ressent plutôt qu'il ne les exécute:
ce sont ceux que Chevreul avait si bien étudiés dans
son *Pendule oscillateur* et qui ont servi à expliquer
très naturellement tous les phénomènes des tables tour-
nantes. Or le sujet hypnotisé est, comme le somnambule
naturel, doué momentanément d'une sensibilité et d'une
délicatesse de réaction tout à fait exquises. Il est donc
affecté, même à distance, il est donc ému et modifié par
ces effluves infiniment petits comme un rhumatisant
d'Europe est affecté par les symptômes naissants d'un
changement de température dont les prodromes se pas-
sent peut-être encore en Amérique.

Si l'on en croit quelques-uns des psychologues qui
ont suivi de près ces expériences, là est le secret de ces
communications, souvent si étonnantes, qui s'établis-
sent entre l'hypnotiseur et son sujet. Ce dernier est
réellement endormi, il ne cherche à tromper personne :
il est sincère. Mais, peu à peu, la sympathie qui l'unit
à l'opérateur s'étend et s'affine; elle devient plus acces-
sible, plus prompte, plus empressée. Ajoutez à cela que
ce qu'il a gardé d'aptitude à observer et à raisonner

---

(1) Comme M. Charles Garnier.

intérieurement, il l'applique à perfectionner son obéis-
sance, comme l'écolier somnambule (car on ne saurait
trop multiplier ces rapprochements) s'applique au devoir
qu'il est allé faire à son pupitre pendant que ses cama-
rades dorment dans leurs lits.

Nous sommes ici sur un terrain si peu solide encore
qu'il importe surtout de donner des faits. Nous en
trouvons dans ce qu'on a appelé les expériences du
Havre (1) : ces expériences portaient sur la suggestion
mentale et sur la suggestion *à distance*.

Suggestion mentale, suggestion à distance, ces mots
se comprennent d'eux-mêmes. Au lieu de dire à haute
voix : « Faites ceci », on le pense fortement, et le sujet
le fait, comme s'il l'avait entendu. Voilà la suggestion
mentale. Enfin, cet ordre mental, on le donne au patient
qui est dans une autre maison, à 500 mètres d'éloigne-
ment : le patient exécute l'ordre donné. Où et par qui
ces expériences ont-elles été faites ? Elles ont été faites
au Havre par une réunion composée de trois docteurs
en médecine connus et justement estimés, de deux
agrégés de philosophie et d'un membre de l'Académie
des sciences morales et politiques, la plupart venus
expressément de Paris pour l'occasion et n'ayant jamais
connu la malade. Les précautions les plus minutieuses
avaient été prises. On tirait, par exemple, au sort le
nom de celui qui devait faire la suggestion mentale à
distance sur le sujet, Mme B. On tirait au sort l'ordre à
suggérer. Semblable précaution était prise pour vérifier
authentiquement la minute à laquelle avait commencé
l'exécution. Si l'un des membres du petit cénacle avait
ordonné au sujet de venir, le sujet ne tardait pas, dans
les délais prévus, à venir frapper à la porte et à se

(1) Voy. le *Bulletin de la Société de psychologie physiologique*
de 1886 (Alcan) et le livre déjà cité du Dr Ochorowitz.

présenter aux savants stupéfaits : il s'était levé, habillé, puis avait parcouru, seul et endormi, les rues qui séparaient sa demeure de la maison où ces messieurs étaient réunis.

D'autres merveilles vinrent se greffer sur ces merveilles, déjà bien surprenantes. Mme B. devinait le nom de la personne qui lui avait fait le commandement mental : il semblait donc qu'elle eût en quelque sorte lu ou entendu les mouvements cérébraux qui, à 500 mètres d'elle, accompagnaient la parole intérieure du commandement.

Ces messieurs avaient soigneusement noté leurs insuccès ; mais leurs insuccès mêmes (comme ils les appelaient peut-être avec une certaine coquetterie) ont une signification dont on va se rendre compte. M. Pierre Janet note, dans ses expériences personnelles, quatorze succès et sept échecs. De ces derniers, quatre avaient eu lieu dans les premières tentatives, alors que les sujets n'étaient pas assez entraînés ou rendus assez impressionnables ou assez complètement dociles aux suggestions, quelles qu'elles fussent. Deux ont été notés dans des moments où les sujets étaient exceptionnellement fatigués ; un enfin avait été produit par une espèce de résistance volontaire de la somnambule, imparfaitement endormie sans doute et pouvant encore opposer sa volonté personnelle à l'impulsion subie. Un échec subi par un autre expérimentateur consistait en ceci : on avait suggéré mentalement au sujet d'aller s'agenouiller devant telle personne ; il alla en effet devant cette personne, mais ne s'agenouilla pas. Ces facultés somnambuliques rentreraient donc, grâce à une continuité de faits qui nous échappe, dans les lois naturelles et scientifiques, puisqu'elles ont besoin de préparation et puisque les efforts qu'elles mettent en jeu ne réussissent que partiellement. Autrement dit, le somnambule lirait donc, comme nous le disions plus haut, les mouvements cérébraux, puisqu'il n'en déchiffre bien qu'une partie.

Autres faits. Le Dr Ochorowitz, qui faisait partie de cette espèce de jury, se pince fortement le bras : le sujet, qui est dans la pièce voisine et qui ne voit pas le docteur, pousse un cri et porte la main à son propre bras. « On vient, s'écrie-t-elle, de la pincer »; elle montre l'endroit qui correspond très exactement. Les témoins affirment eux-mêmes qu'ils ont constaté une légère rougeur. — On montre à Mme B. endormie une lettre cachetée qu'un de ces messieurs vient de recevoir à l'instant même. On la lui fait palper, et elle dit que cette lettre est d'une personne qui a la coqueluche : elle était en effet de M. Charles Richet qui souffrait encore de cette affection; et Mme B. ne connaissait en aucune façon M. Charles Richet !

Quelle explication imaginer ? Des ondulations parties d'étoiles situées à des millions de lieues viennent se fixer sur une plaque de photographie convenablement préparée. Le sujet somnambulique est-il comparable à cette plaque « sensible » qui enregistre des mouvements si lointains et si légers? Un petit insecte, dont on a caché au loin la femelle, la retrouve par l'odorat ou par quelque autre sens inconnu. L'hypnotisé n'est-il pas ici encore doué de cette acuité sensorielle qui bénéficie, pour ainsi dire, de ce que son insensibilité partielle a laissé libre de force nerveuse?

Je m'arrête devant ces hypothèses que la découverte des rayons X a pu fortifier encore. Elles sont vraisemblables ; elles nous maintiennent dans un ordre de considérations rationnelles, naturelles ; elles peuvent même se prêter à quelques expériences, mais aucune n'a pu être vérifiée assez complètement et assez souvent pour avoir pu grouper un ensemble de faits authen-

tiques sous une explication tout à fait satisfaisante.
Revenons donc un peu en arrière vers les faits mieux
contrôlés de suggestion et d'hypnotisme. Essayons de
voir où en sont, dans leurs débats, les deux écoles qui
se sont appliquées avec le plus d'ardeur à ces problèmes,
depuis dix ans : l'école de la Salpêtrière et l'école de
Nancy.

V. — École de la Salpêtrière.
La grande hystérie et les trois états.

L'école de la Salpêtrière, dont le maître est M. Charcot, a eu particulièrement en vue trois choses : 1° ins-
tituer des expériences où la production des phénomènes
hypnotiques fût dégagée de toute apparence de simulation possible ; 2° rattacher les phénomènes de l'hypnotisme à un état de maladie corporelle ou (suivant
l'étymologie grecque, toujours préférée, comme on sait,
par les médecins) somatique ; 3° débrouiller les caractères essentiels de cette maladie, en expliquer tout à
la fois la complexité et l'unité par la description des
états nerveux particuliers qui s'y groupent ou plutôt
qui s'y succèdent naturellement. Cette troisième et
dernière tâche était évidemment la plus nouvelle et
aussi la plus importante de toutes. Elle remplie, les
deux précédentes l'étaient, semblait-il, par là même.
Or c'est ici que nous rencontrons cette fameuse loi des
trois états dont il a été tant parlé dans les recueils
spéciaux et dans les livres consacrés à l'hypnotisme.

C'est un précepte d'une grande profondeur, que
toute chose doit être étudiée de préférence dans ses
formes les plus complètes, là où elle a donné tout ce
qu'elle peut et tout ce qu'elle tend à donner ; l'étude
des formes frustes, avortées, diminuées, déviées ou
arrêtées dans leur développement, viendra ensuite, et

elle n'en sera que plus intéressante. Imbu sans doute
de ce précepte, M. Charcot pose en principe que l'hypnotisme est une névrose, qui ne se manifeste que chez
des personnes au moins prédisposées à la névrose, que
cette névrose atteint son point culminant dans ce qu'on
appelle la grande hystérie. Dans cette dernière affection
enfin il voit une tendance à faire passer le sujet par
trois états qui sont : la catalepsie, la léthargie et le
somnambulisme.

La catalepsie est un état dans lequel le sujet garde
— et pendant un temps souvent fort long — les atti-
tudes, même les plus difficiles à maintenir, qu'on lui
a communiquées ou dans lesquelles il a été *surpris*
(c'est là le sens étymologique du mot) par une émotion
soudaine et violente. Dans l'état cataleptique, le corps
proprement dit est insensible ; mais les sens demeurent
ouverts ; et par eux peuvent se développer des hallucinations qui provoquent des mouvements coordonnés ;
mais, de lui-même, le cataleptique reste immobile et
comme fasciné.

La léthargie n'aurait pas besoin d'être définie, si elle
n'avait présenté sous la main de M. Charcot un phénomène tout à fait capital qu'il a nommé : l'hyperexcitabilité neuro-musculaire. Voici en quoi ce phénomène
consiste. La peau et les muqueuses sont frappées d'une
insensibilité absolue, et l'intelligence est complètement
abolie. La force nerveuse s'est comme réfugiée et accu-
mulée dans les nerfs et dans les muscles gouvernés par
le système spinal ; et là elle répond aux moindres
excitations avec une vivacité pathologique. Qu'on
excite, par exemple, avec un manche de plume le tronc
d'un nerf ; aussitôt les muscles tributaires de ce nerf
entrent en contraction. Une pression légère provoque
les mêmes réactions fonctionnelles que l'électrisation,
et on est bien sûr qu'aucun effort volontaire, fût-il

dirigé par une connaissance parfaite de l'anatomie, ne pourrait simuler de pareils effets. La simulation n'est pas moins impossible quand l'expérimentateur joue de cette hyperexcitabilité pour amener la contraction de certains muscles qui, comme ceux de l'oreille, sont habituellement soustraits à l'action de la volonté.

Vient enfin l'état de somnambulisme provoqué qui correspond plus particulièrement, dit M. Charcot, à ce qu'on a appelé le sommeil magnétique. On y remarque le mélange d'insensibilité sur certains points, d'hyperesthésie sur certains autres : on y retrouve l'automatisme facile à commander et à diriger par suggestion et apte à exécuter les actes les plus complexes sans laisser subsister aucun souvenir ; bref, tout ce qui n'a cessé de caractériser l'état des magnétisés, des hypnotisés de Braid, des somnambules, y compris ceux de la foire, quand ils sont véritables (ce qui arrive quelquefois).

« Chacun de ces trois états, dit M. Charcot (1), comprenant d'ailleurs un certain nombre de formes secondaires et laissant place à des états mixtes, peut se présenter d'emblée, primitivement, isolément ; ils peuvent encore, dans le cours d'une même observation, chez un même sujet, se produire successivement dans tel ou tel ordre, au gré de l'observateur, par la mise en œuvre de certaines pratiques. »

Quelles pratiques ? Celles que l'on a vues appliquées par Braid et qui, en somme, ne font guère que reproduire, sans vain appareil, les passes des magnétiseurs. L'état du sujet fait ici beaucoup plus que le talent de l'opérateur. Sur un individu « bien préparé », la fixation du regard suffit. A plus forte raison, le passage d'un de ces trois états à l'un des deux autres est-il

---

(1) Mémoire à l'Académie des sciences, 1882.

prompt. Un sujet déjà en état cataleptique sera mis en léthargie par la simple occlusion des paupières. Pour produire l'état somnambulique chez un cataleptique ou un léthargique, ce sera assez d'exercer sur le vertex une pression ou une friction légère.

Cette production à volonté des trois états a fait en son temps beaucoup de bruit, et il convient de dire avant tout qu'elle a rendu de très grands services. Elle a d'abord élargi, cela est visible, le champ d'expérimentation psycho-physiologique. Elle a montré une fois de plus que ce qu'on croyait être là du merveilleux ou du charlatanisme pouvait rentrer dans le domaine des faits véritables et par conséquent de la science. Parmi les faits que ces expérimentations ont permis de faire mieux connaître, il en est enfin quelques-uns d'assez importants.

VI. — Automatisme et spontanéité. Anarchie et unité.

La nouvelle école a d'abord fait étudier plus profondément l'automatisme ou ce qu'un jeune philosophe (1) avait heureusement appelé « les formes inférieures de l'activité humaine ». Cet automatisme de l'être humain est-il un mécanisme tout matériel, analogue à celui des canards de Vaucanson ? Est-ce l'automatisme auquel Descartes réduisait le corps de l'homme et l'être entier des animaux ? Non, c'est un ensemble de mouvements assujettis sans doute à certaines lois mécaniques, mais où se fait sentir une activité psychique. Et qu'est-ce qu'une activité psychique, réduite à son état le plus simple ? C'est une activité qui peut entrer en jeu spontanément, qui, même quand elle ne fait que

_____

(1) M. Pierre JANET, dans sa thèse de doctorat.

réagir contre certaines excitations, y met du sien, en dépensant une réserve de force emmagasinée et demeurée disponible ; c'est une activité qui a conservé de l'intelligence tout ce qui en subsiste quand on a enlevé la délibération et la réflexion. C'est une activité qui, le plus souvent, ne laisse aucun souvenir, parce que, n'ayant égard qu'au moment présent, elle n'établit ni association ni liaison, mais qui cependant agit toujours pour une fin sentie et désirée ; car, même quand elle paraît déchue de ce qu'on appelle la conscience proprement dite ou la conscience claire, elle est mue par le plaisir et la douleur.

Or les expériences instituées sur les sujets de l'hypnotisme n'ont fait que dégager, ce me semble, plus clairement, ce qu'il y a dans cet automatisme, de vital et de spontané. Les formes supérieures de l'intelligence y ont un peu perdu de leur indépendance et de cet isolement métaphysique où les avaient placées le spiritualisme de Platon et celui de Descartes ; mais les formes inférieures s'y sont élevées fort au-dessus de ce que leur concédaient l'organicisme et le matérialisme.

On avait déjà beaucoup parlé de la spontanéité de l'image, se renouvelant d'elle-même et imposant à son organe une modification correspondante. Y a-t-il rien que l'hypnotisme ait mieux démontré? Souvent, sans doute, c'est l'image qui est provoquée dans le cerveau du malade par l'attitude qu'on lui impose : c'est alors le mouvement des membres qui commence et l'image qui suit. Mais plus souvent un mot suffit pour qu'une image intense réponde aussitôt à ce simple appel et bouleverse tout l'organisme. Les sensations qu'on appelait imaginaires sont reconnues comme des sensations parfaitement réelles, suivies d'une altération physique persistante et reconnaissable, mais causées en effet par une idée qui a pris corps. Quoi de plus

curieux à cet égard que la constitution de ce qu'on a
si bien nommé l'optique hallucinatoire ? Les sensations
directement provoquées par suggestion mêlent leurs
effets aux effets des sensations réelles, et les combinai-
sons des unes et des autres sont soumises aux lois
mêmes de l'état de veille. Vous savez ce qui vous arrive
quand vous avez regardé fixement pendant quelques
instants un dessin rouge ; si vous jetez ensuite les yeux
sur du blanc uni, vous y revoyez ce même dessin, mais
en vert. C'est que le rouge et le vert sont des couleurs
complémentaires, autrement dit que le blanc auquel on
retranche son rouge devient vert. Fatiguée de la vue
du rouge, la rétine opère spontanément cette soustrac-
tion ; elle cesse de voir le rouge qui est dans le blanc et
elle se repose dans la vue du vert qui est son œuvre.
Eh bien ! remettez à un hypnotisé un morceau de
papier blanc et suggérez-lui d'y voir une croix rouge.
Vous le lui dites, c'est assez ; il la voit. Il la voit si bien
que, quand vous lui changez son papier blanc, il voit
de lui-même sur le nouveau une croix verte de la
même forme et de la même dimension que la croix
rouge. La vision subjective, hallucinatoire, qu'on lui a
suggérée, a produit sur ses organes le même effet que
la vision réelle.

Cette réaction organique dépasse visiblement le pur
mécanisme, puisqu'elle enveloppe un effort d'accommo-
dation fonctionnelle appropriée, ajustée. Or, cette réaction, l'expérimentation hypnotique l'obtient des
moindres parties et en s'adressant à elles directement.
Chaque sens, chaque membre, chaque bras, chaque
doigt du pied ou de la main, chaque muscle peut devenir
ainsi comme un vivant individuel qui, soustrait, pour
un instant, à l'entente normale, se meut à part et de lui-
même. Rien de plus saisissant que de voir, par exemple,
le bras droit tourner violemment dans un sens, puis le

bras gauche, sous une très légère impulsion, continuer en même temps, dans un sens opposé, le mouvement qu'on a commencé à lui imprimer contrairement aux lois habituelles du concert organique. C'est là sans doute un état d'anarchie comparable à l'état révolutionnaire d'un pays où chaque individu deviendrait un tout complètement indépendant, se gouvernant lui-même, se rendant la justice à lui-même, etc. Que chaque citoyen puisse ainsi, dans des temps exceptionnels, se mouvoir et réagir tout seul, ce n'est pas cependant un mal sans compensation. Quand la discipline générale aura repris son cours, le tout se ressentira fort heureusement de cette aptitude de chaque partie à vivre de sa vie propre. Ainsi n'est-il pas indifférent à la médecine de savoir que tout organe et tout fragment d'organe peut réagir et que dans un malade il y a une multitude de petits malades à soigner, à réconforter, à faire rentrer dans l'activité ordonnée de la vie commune et dans la paix.

Ces expériences de vivisection morale sont d'autant plus dignes d'être suivies que, si elles décomposent ainsi le moi total, elles ne le laissent pas à l'état de désagrégation. Ne voir que le morcellement factice de la personnalité ou l'indépendance provoquée de chaque partie ne serait voir qu'un aspect unique des choses. C'est tantôt un organe, tantôt un autre qui répond seul à l'appel et qui seul paraît vivre d'une vie sensible et volontaire ; mais on n'en démêle pas moins l'action persistante des associations accoutumées. L'organe n'agirait pas comme il le fait, il ne serait pas un tout à la vie si intense et aux manifestations si variées, s'il ne bénéficiait encore de son union habituelle avec l'économie tout entière. Pliez la main du patient dans une attitude de prière ou dans une attitude belliqueuse : suggérez-lui qu'il tient un cierge ou qu'il tient un sabre ; toute sa personnalité, nous dit-on et nous montre-t-on, en est modifiée instantanément. Cette main devient le centre d'attraction de tous les faits psychologiques qui sympathisent avec l'image dominante évoquée sur ce point du corps. Cette petite localité n'est pas seulement à l'état d'anarchie ; elle a vite franchi la distance si courte qui sépare tout anarchiste d'un tyran. Elle est devenue la capitale usurpée où tout converge, qui attire tout à elle ; et ainsi s'accuse encore, quoique troublée, la solidarité inévitable de l'ensemble. Tantôt l'idée et ses manifestations cérébrales suivent l'entrée en fonctions d'un muscle caché ; tantôt c'est l'idée suggérée qui commande au muscle et à l'organe dont ce muscle est la pièce principale. Dans l'un comme dans l'autre cas, on touche du doigt la tendance constante à l'unité et l'effort universel de concours vers une fin commune, partout pressentie et désirée. C'est ainsi qu'après avoir constaté d'abord ces dissociations apparentes, un des principaux représentants de la psychologie physiologique en Europe (1) a pu dire très justement : « L'hynoptisme semble bien fait pour remettre à flot l'animisme de Stahl (2). Il serait difficile de désigner une fonction qui ne pût être influencée par la volonté du sujet magnétisé. »

Je ne crois pas que cette conclusion puisse être infirmée sérieusement par aucun des faits les plus nouveaux et encore tenus pour les plus étranges des expériences d'hypnotisme.

On transporte la sensibilité et, au besoin, la maladie (hémiplégie, paralysie, contracture) d'un côté du corps à l'autre. Mais que l'affection soit à droite ou qu'elle soit à gauche et qu'elle soit capable de voyager ; que des rhumatismes, fort habitués d'ailleurs à se déplacer

_____

(1) M. Delbœuf (de Liége). *Revue de Belgique*, 1889.
(2) J'aimerais mieux dire, quant à moi, l'animisme tout court.

d'eux-mêmes, puissent être promenés à volonté soit par l'action physique d'un aimant, soit par l'action morale d'une simple suggestion, soit indifféremment par l'une ou par l'autre, rien de tout cela ne nous apporte aucune révélation bien troublante sur la nature de l'être vivant.

Voici quelque chose de plus inattendu. On peut déterminer chez une somnambule des hallucinations ou illusions absolument différentes et les évoquer simultanément l'une d'un côté du corps, l'autre de l'autre. « Si chez une hystérique en somnambulisme on dépose quelques gouttes d'eau sur le côté gauche de la langue en lui suggérant que c'est du rhum, elle fait une grimace de dégoût ; les mêmes gouttes d'eau, mises sur l'autre côté de la langue et baptisées sirop, sont trouvées sucrées et produisent une sensation agréable. » A tout prendre, est-il si rare, à l'état normal, d'éprouver en même temps, deux sensations opposées, et l'union du rire et des larmes n'est-elle pas aussi vieille que le monde ? Je ne vois donc pas qu'il y ait dans les cas cités un vrai dédoublement de la personnalité. On ajoute d'ailleurs : « Cette double illusion dure un certain temps, et le malade manifeste son étonnement d'éprouver ainsi simultanément deux sensations aussi différentes (1). » La diversité des deux impressions est donc comparée dans *l'unité de la conscience.*

J'en dirai autant d'un dédoublement plus profond, expérience où le lecteur va peut-être voir une plaisanterie (et d'un goût suspect), mais qu'on nous affirme être sérieuse. C'est M. Delbœuf qui parle, après une visite assez prolongée à la Salpêtrière. Il nous présente l'un après l'autre les sujets célèbres de M. Charcot, et

---

(1) Dr CULLERE, *Magnétisme et hypnotisme* p. 283. 1 vol. in-12, J.-B. Baillière. Cet ouvrage est un des résumés les plus clairs et les plus sensés qu'on ait écrits sur la question.

il nous dit : « La blonde et passive Alsacienne congé-
diée, nous étions restés avec la brune et sémillante
Parisienne. Nous fîmes alors une curieuse expérience,
à laquelle, depuis, tous nos sujets se sont prêtés sans
difficulté, toujours avec plein succès. A cette expérience
on a donné le nom bien choisi de *mariage à trois*. On
persuade à la jeune fille endormie qu'elle a deux maris :
un mari pour le côté gauche et l'autre pour le côté
droit, et qu'elle leur doit à chacun une fidélité scrupu-
leuse. M. Féré et moi étions ces deux maris. Nous
pouvions chacun caresser *notre moitié*, elle accueillait
nos caresses avec un plaisir marqué. Mais gare à celui
qui voulait empiéter sur la moitié de l'autre : moi, dans
ce cas, je recevais une tape soignée ; M. Féré, une tape
un peu plus timide. Dès que l'un de nous approchait de
l'exacte ligne médiane du corps, sa défiance était en
éveil, et sa main s'apprêtait à mettre à la raison le
téméraire (1). »

Prenons que « la brune et sémillante Parisienne »
(peut-être, hélas ! habituée à entendre plus d'un ado-
rateur, même quand elle est très éveillée) se soit vraiment crue partagée en deux personnes. Ces deux personnes ne semblent point avoir été si indépendantes l'une
de l'autre. Entre le Dr Delbœuf, un nouveau venu, et
M. Féré, son médecin ordinaire (2), chacune des deux
fait également une distinction. Chacune des deux
moitiés sait mesurer la dose de vertu qu'elle a emprun-
tée à la vertu habituelle du sujet complet ; celui-ci n'est
donc tout à fait absent ni de la demi-Parisienne de
droite, ni de la demi-Parisienne de gauche.

Ceci pourrait nous amener à la question très intéressante également de la mémoire. Mémoire et person-

---

(1) *Revue de Belgique*, 15 novembre 1886.
(2) Plus jeune, du reste, me permet-on de le dire ?

nalité sont assurément liées d'un rapport assez étroit. Or l'interruption brusque de la mémoire ne peut-elle passer pour une rupture de la personnalité dans le temps, comme les expériences précédentes avaient la prétention de nous montrer la scission de cette même personnalité dans l'espace du corps individuel ? Je ne crois pas du tout que cette perte du souvenir, quand elle est complète, ait la signification que certains lui attribuent. Rien de plus simple que le fait de l'oubli, lorsque les conditions natives de la production et de l'association des idées sont changées. Mais des études plus soutenues ont prouvé que l'oubli absolu n'était pas une loi nécessaire du passage de l'état somnambulique à l'état de veille, et réciproquement. Dans les actes de l'hypnotisé comme dans les rêves du dormeur normal, on peut, si l'on s'y prend bien et à temps, restaurer le fil fragile ou en renouer les bouts. Les essais de M. Delbœuf (entre autres), ont été sur ce point tout à fait démonstratifs (1).

Mais je reviens aux sensations bilatérales. Ne sont-elles pas gouvernées chacune par l'action d'un hémisphère cérébral ? Et chacun de ces deux hémisphères, dont l'indépendance réciproque a été prouvée par les expériences hypnotiques, ne nous donne-t-il pas un moi à part, une personnalité à part, etc. ? Il y a là un problème fort intéressant, sur lequel l'attention a été ramenée par la thèse d'un jeune et très actif médecin, le Dr Bérillon (2). Le lecteur voit tout de suite la mise en scène avec laquelle on fait d'un seul malade, divisé en un de droite et un de gauche, deux individus distincts, dont l'un semble éveillé, l'autre endormi, dont l'un pleure et dont l'autre rit, dont l'un est en catalepsie,

(1) Revue déjà citée.
(2) Fondateur et directeur de la *Revue de l'hypnotisme*, recueil varié et très intéressant, qui paraît depuis 1886.

l'autre en léthargie, etc. Le sujet sent-il toujours la contradiction et en souffre-t-il, comme le sujet de tout à l'heure qui goûtait tout à la fois en imagination une liqueur forte et une liqueur douce ? Il est difficile de le savoir, tant la conscience a de degrés dans son évanouissement progressif. Mais la dualité fonctionnelle du cerveau et l'indépendance possible de ses deux hémisphères ne prouvent que contre les hypothèses mécanistes. Si le système nerveux était un mécanisme pur, comme celui d'une montre, il suffirait qu'un des ressorts importants fût brisé pour que la machine entière s'arrêtât. Il faut la vie, avec sa puissance originale, pour trouver un organe complexe unissant des organes partiels qui, d'abord, se secondent, sous la loi de la division du travail, puis, au besoin, se suppléent. Un seul hémisphère sain, disaient déjà depuis longtemps les physiologistes, peut suffire à l'exercice de l'intelligence et des sens externes. C'est que chaque hémisphère cérébral, comme l'a établi Brown-Séquard, a commencé par être chez l'enfant un cerveau tout entier, capable, dans son développement, d'agir comme centre pour toutes les fonctions cérébrales et tous les mouvements du corps. Mais, chez la plupart des individus, « les deux moitiés du cerveau, bien que primitivement semblables, se développent de telle sorte que chacune d'elles n'acquiert une certaine puissance que pour certains actes et certaines fonctions ». S'il en est ainsi, on conçoit très bien que ces deux directeurs de l'organisme s'entendent la plupart du temps et harmonisent leurs fonctions spéciales dans l'unité supérieure de la personne, mais qu'en un temps de crise, ils semblent se séparer et qu'ils simulent ou ébauchent deux existences indépendantes. N'est-il pas dans les lois de la vie humaine de monter ainsi dans l'organisme des appareils auxquels l'habitude d'agir donne une autonomie croissante ? Pour nous créer un langage, il nous a fallu les efforts concertés et prolongés de toutes nos facultés. Peu à peu, le langage est devenu en nous comme une puissance à part qui a ses organes compliqués et qui peut, soit s'exalter, soit se troubler, sans que le reste de l'être soit également atteint. Il n'en résulte pour aucun physiologiste que la faculté du langage soit une faculté absolument distincte et dont les destinées soient séparées de celles de l'individu total.

Donnerons-nous ces différentes comparaisons comme des explications « adéquates » de la difficulté ? Non ; mais, à défaut d'un examen plus approfondi (qui serait ici hors de proportion), elles nous aident à nous rassurer. Elles nous montrent que si l'hypnotisme a fortement accusé la spontanéité de chaque parcelle vivante, il n'a point tant compromis qu'on pourrait le croire l'unité de l'ensemble. A travers toutes ces révolutions qu'il fait subir à l'organisme, il nous laisse voir la solidarité qui unit toutes les parties dans leurs efforts pour réaliser leur forme commune, fin de leurs mouvements, raison et cause de leur structure.

VII. — L'école de Nancy contre l'école de la Salpêtrière. — Le petit et le grand hypnotisme.

Que M. Charcot et ses élèves (1) aient eu en vue la défense de ces vérités, ce n'est pas du tout ce que je me charge de démontrer. Ces hommes sont des physiologistes ou des médecins : ce sont encore, si l'on veut, des moitiés de psychologues qui — selon leur droit — ont tracé une limite à leurs études. Voyons donc maintenant (c'est là surtout le point sur lequel ils demandent à être

---

(1) Parmi les travaux les plus saillants de l'école, citons : *Le magnétisme animal* par FÉRÉ et BINET (Alcan). — *L'hypnotisme et les états analogues*, par GILLES DE LA TOURETTE (Plon).

jugés) la controverse qu'ils soutiennent contre d'autres médecins et physiologistes. Les analyses psycho-physiologiques dont nous venons de montrer l'importance restent possibles pour tout le monde ; les résultats mêmes que nous venons de dépouiller peuvent passer pour acquis. Où est le débat ?

L'effort des expérimentateurs et des cliniciens de la Salpêtrière avait porté sur ceci : la suggestion est un phénomène qui suppose l'état hypnotique ou l'état de somnambulisme artificiel, lequel fait partie de trois états liés entre eux et liés surtout chez les hystériques. L'école de Nancy renverse la proposition et dit : le phénomène essentiel, capital, c'est la suggestion, et l'hypnotisme, quoique augmentant la suggestibilité du sujet, a commencé par être lui-même un effet de la suggestion.

Mais reprenons les choses d'un peu plus haut. Les expériences de la Salpêtrière avaient été trop retentissantes pour ne pas être diversement commentées. Les convocations adressées aux hommes connus, à la presse et les entrées de faveur, l'aspect théâtral des exhibitions, l'abus fait de quelques sujets, la transformation au moins apparente d'une clinique d'hôpital en une séance publique de quasi-prestidigitation, tout cela fut critiqué vivement. Mais je ne regarde ici qu'aux objections faites au nom de la science pure. M. Charcot, a-t-on répété et répète-t-on surtout aujourd'hui, a agi comme un homme qui, pour expliquer l'instinct des animaux, en général, prendrait quatre ou cinq chiens savants, dressés à divers tours, les ferait passer en des cerceaux ou jouer aux dominos devant le public, puis aurait la prétention de ramener à cet unique type toutes les formes de l'industrie des bêtes. En réalité, M. Charcot n'avait pas plus de cinq ou six hystériques (« sont-elles même bien cinq ? » se demande M. Delbœuf qui avait fréquenté sérieusement la maison)(1). C'était là — qu'on pardonne l'expression — comme une petite ménagerie parfaitement bien et peut-être trop bien entraînée. Certes on y voyait à souhait ce qu'il est possible d'obtenir en jouant de la suggestion ; mais ces expériences avaient un double tort. Elles portaient sur un trop petit nombre d'individus, ce qui faisait croire que la suggestion est un cas exceptionnel, difficile à produire ; puis, dans cette sphère réduite, elles insistaient avec trop de complaisance sur certains faits particuliers ; enfin tant de mise en scène donnait cette autre illusion que les phénomènes extraordinaires auxquels on faisait une si grande place étaient les phénomènes dominants, essentiels, caractéristiques de l'hypnotisme. Les médecins de la Salpêtrière n'ont pas vu que, sans être simulés, ces phénomènes devaient beaucoup à un entraînement graduel, à un assujettissement de plus en plus grand de l'hypnotisé aux volontés de l'hypnotiseur, assujettissement qui n'est autre chose qu'une suggestion continuée et perfectionnée.

Telles sont du moins les critiques qui ont été adressées au maître de la Salpêtrière. Peut-être celui-ci pouvait-il répondre qu'il avait été le premier à signaler la réalité d'états intermédiaires et mixtes en dehors de ses fameux

---

(1) Je laisse à M. Delbœuf la responsabilité des assertions suivantes : « J'avais obtenu pour le lendemain une séance intime dans laquelle on devait m'exhiber la célèbre Wittmann... C'est une blonde Alsacienne... Elle est à la Salpêtrière depuis son enfance... on l'a exploitée et explorée de toute façon. Pour le moment elle était enceinte, et on la faisait servir à l'étude de l'action de l'hypnotisme sur les mouvements du fœtus. Bref, c'est la pièce la plus curieuse qu'on puisse montrer, et propre à faire à elle seule la réputation d'un établissement public. » (Revue de Belgique du 15 octobre 1886.) Trois ans après (même Revue, 15 janvier 1889), le savant belge écrit : « Il faut consacrer le magnétisme à l'amélioration de l'état du malade. Les hystériques de la Salpêtrière m'ont fait l'effet d'être réservés pour les démonstrations publiques et les cours. C'est ainsi qu'aujourd'hui la célèbre Blanche Wittmann est devenue totalement insensible, a perdu le sens musculaire, l'ouïe de l'oreille gauche, le sens des couleurs et une grande partie de l'acuité visuelle, et on la fait encore servir à la démonstration des fameux trois états. »

trois états. S'il ne s'est pas appliqué lui-même à multiplier les variétés, il les a admises, ce qui n'empêche que
le plus grand service qu'il ait rendu ait été de dessiner
les types principaux. Mais le point critique du débat
n'est pas là. « Vous prétendez, dit Nancy à la Salpêtrière,
que la suggestion est un des phénomènes rendus possibles par le développement d'une maladie nerveuse. Eh
bien! nous prétendons, nous, que cette maladie nerveuse,
avec ses accidents de léthargie, de catalepsie, de somnambulisme, d'hyperexcitabilité neuro-musculaire, et
autres états composés, c'est vous qui la créez. La suggestion, voilà donc le phénomène capital, l'agent
universel de toutes les influences bonnes ou mauvaises,
de toutes les vertus et de tous les vices, de tous les
succès et de tous les crimes, de la plupart enfin des
guérisons comme de la plupart des maladies. Le tout
est de savoir s'en servir. Vous, vous en avez usé avec
votre imagination, une imagination obsédée par des
types artificiels, que vous avez réalisés dans vos malades,
au détriment de vos malades. Nous nous en servons,
nous, avec une méthode très simple et très prudente
qui n'apporte à nos malades que la paix et le soulage-
ment. »

Mais écoutons le chef ou plutôt le représentant le
plus distingué de l'école de Nancy, le docteur Bernheim.
« La suggestion domine toute l'histoire de l'humanité.
Depuis le péché originel suggéré à Ève par le serpent
et à Adam par Ève jusqu'aux horreurs sanglantes de
la Commune, la suggestion a joué un rôle... La suggestion est l'acte par lequel une idée est introduite dans le
cerveau et acceptée par lui... De tous les moyens qui
aident à la suggestion, le plus efficace est l'hypnotisme.
L'hypnotisme est un état particulier, susceptible d'être
provoqué, qui met en activité ou exalte à des degrés
divers la suggestibilité, c'est-à-dire l'aptitude à être

influencé par une idée et à la réaliser. L'état hypnotique n'est autre chose qu'un état de suggestibilité exaltée, et il peut être produit avec ou sans le sommeil...
Les divers procédés employés pour obtenir artificiellement cette suggestibilité exaltée ou hypnotique se
réduisent en réalité à un seul : la suggestion. »

Cet état d'hypnotisme par suggestion, comment les
médecins de Nancy (et ceux qui représentent les mêmes
idées à Paris) le pratiquent-ils? Recherchent-ils pour
leurs expériences les sujets nerveux et déjà ébranlés
par la maladie? Ils affirment que non. « Le sommeil
artificiel s'obtient avec la plus grande facilité chez un
grand nombre de sujets chez lesquels l'hystérie ne peut
être invoquée, enfants, vieillards, hommes de toute
constitution et de tout tempérament. Bien souvent
même l'hystérie, le nervosisme sont des conditions
défavorables à la production du somnambulisme, probablement à cause de la mobilité d'esprit qui les accom-
pagne et qui empêche le sujet qu'on veut endormir de
fixer son attention assez fortement sur une seule idée,
celle du sommeil; au contraire, les paysans, les soldats,
les ouvriers à constitution athlétique, les hommes peu
habitués à laisser vagabonder leur imagination et chez
lesquels la pensée se cristallise facilement, tombent souvent avec la plus grande facilité dans le somnambulisme, et quelquefois dès la première séance (1). »

C'est en effet un principe, dans l'école de Nancy,
que nul ne peut être endormi contre son gré et que le
sommeil provoqué dépend du sujet plus que de l'hypnotiseur. Mais que le sujet se prête avec docilité aux
manœuvres très simples qui accompagnent l'ordre de
dormir : il dort, et il dort surtout parce qu'il a accepté
l'invitation. Si les manœuvres dites magnétiques y

_____

(1) H. BEAUNIS, *Le somnambulisme provoqué*, p. 10. (J.-B. Baillière.)

sont pour quelque chose, elles y sont pour bien peu, et elles ne réussissent, encore une fois, que parce qu'on a suggéré au sujet de s'y prêter. Une fois l'homme ainsi endormi, il dort du sommeil ordinaire, et c'est en vertu des lois ordinaires que l'expérimentateur garde sur lui tant d'influence. L'expérimentateur est resté en communication avec lui et il lui impose ses rêves; il a supprimé en lui toute résistance psychique, il dispose donc de sa personne, mais il en dispose avec d'autant plus de sûreté pour son bien qu'il le traite avec plus de douceur.

Ici, la description du Dr Bernheim contraste singulièrement avec les scènes échevelées de la Salpêtrière. Ce n'est plus un drame, c'est une idylle. Qu'est-ce que le médecin qui endort un malade ou un homme auquel il veut faire du bien ? Une mère qui endort son enfant! Rien de plus, rien de moins. « Nous faisons comme la mère qui endort son enfant. Voyez-la qui lui enjoint de dormir, qui le berce, qui fait de l'obscurité autour de lui, qui fixe son attention sur une idée, sur un récit, sur un chant monotone ; l'enfant dort. Dites à sa mère de lever son bras en l'air et de dire à l'enfant qu'il ne peut plus le baisser ; souvent vous verrez le bras demeurer en catalepsie suggestive ; car sa mère l'a hypnotisé. Dites-lui de parler à son enfant pendant le sommeil; quelquefois l'enfant répond ou fait signe qu'il comprend et continue à être en rapport avec elle. Dites-lui alors qu'elle profite de ce sommeil pour suggérer à ce jeune cerveau des leçons et des enseignements destinés à développer les sentiments généreux et à réprimer les mauvais instincts! La suggestion hypnotique est faite ! — Voilà tout ce que nous demandons. Et ceux qui, sans plus ample examen, demandent qu'on proscrive l'hypnotisme et les hypnotiseurs, veulent-ils défendre à la mère la suggestion du sommeil ?

Car le premier des hypnotiseurs, qu'ils le sachent bien, c'est la mère qui endort son enfant (1) ! »

Je ne suis pas allé à Nancy. Mais j'ai visité à Paris des cliniques (très recommandables) des maladies du système nerveux, où l'on opère absolument comme chez le Dr Bernheim et chez le Dr Liébault (2). Tout s'y passe, en effet, avec une simplicité remarquable. Vous voyez venir là des personnes probablement fatiguées par des traitements contradictoires et par des drogues de toute espèce, des femmes nerveuses qui souffrent d'insomnies prolongées, de hoquets ou de tremblements, des jeunes filles qui ont des accès de peur et de « trac » quand leurs études ou leur profession les obligent à paraître devant le public, d'autres qui s'accusent d'éprouver des sentiments de jalousie pénible, dont on leur a dit que l'hypnotisme les débarrasserait, soit d'une manière, soit d'une autre, des malades qui s'obstinent à ne vouloir ni manger, ni marcher, ni causer comme tout le monde ; puis des enfants qui ont des tics ou de mauvaises habitudes dont n'ont pu triompher ni les prières, ni les menaces, ni les soins hygiéniques de leurs parents ; bref, toutes les variétés des maladies nerveuses prolongées et exaspérées — si elles ne sont pas créées — par l'imagination. Le docteur (celui que j'ai suivi n'est point du tout un empirique) commence par prendre avec soin « l'observation » de chacun d'eux. Il s'enquiert des antécédents, scrute l'état général, pose le diagnostic du mal. Je suppose que ces renseignements l'aident à voir si la maladie n'appelle aucune intervention, thérapeutique ou chirurgicale, en dehors de son intervention d'hypnotiseur. Celle-ci se manifeste sans appareil. Le client

---

(1) *Revue de l'hypnotisme*, 1er novembre 1886, page 138.
(2) On peut comparer le récit d'*Une visite à Nancy* dans la *Revue de Belgique* déjà citée.

est sur un canapé ou dans un fauteuil : on lui prend les mains qu'on lui fixe doucement sur l'abdomen ; on lui touche le front, on lui clôt les paupières, et on lui dit : « Vous allez dormir, bien dormir. » On lui tourne les bras en lui recommandant de se laisser faire, et on l'abandonne. Si c'est une première séance, on voit généralement que le malade essaye franchement de dormir, mais qu'au bout de quelques minutes il ouvre les yeux. On le congédie en lui disant que c'est un bon commencement et que la prochaine fois, s'il est docile, tout ira très bien. La fois suivante (s'il n'est pas nécessaire d'aller jusqu'à une troisième séance), le sujet est mieux préparé. Déjà il s'habitue au lieu comme on s'habitue au temps et à l'heure du sommeil ; et, en effet, le voilà promptement endormi. J'en vois qui dorment là comme des bienheureux, enveloppés dans leur manteau, les jambes allongées et immobiles. « Ce sommeil leur fera beaucoup de bien (1) », m'affirme le docteur. Je le crois sans peine, surtout quand il s'agit de femmes nerveuses qui, chez elles, se retournent dans leur lit sans pouvoir vaincre l'insomnie. Le sommeil enfin trouvé, le calme et les douleurs de tête dont elles se plaignaient s'atténuent. Quant aux suggestions, on les fait au moment même où l'on endort la personne, et elles sont à tout le moins fort inoffensives. « Vous allez bien vous porter, — vous ne souffrirez plus, — ce tremblement n'existera plus, il se calme, le voilà calmé, il n'existe plus, plus du tout, — vous allez marcher avec facilité, vous serez très heureux de marcher, — vous allez avoir bon appétit, vous trouverez excellent ce qu'on vous donnera et vous digérerez très bien, — vous écouterez bien votre maman, — vous ferez

---

(1) M. Beaunis (ouvrage cité, p. 211) attribue, lui aussi, une grande vertu réparatrice à ce sommeil provoqué, mais simple et sans suggestion.

tout ce que votre sœur vous dira et vous l'aimerez
beaucoup ; alors toutes vos frayeurs disparaîtront, tout
ira très bien », etc., etc. Et on passe à une autre. Je
ne dis pas qu'avec ce système les boiteux soient redres-
sés, les sourds entendent et les aveugles voient ; mais
je confesse qu'une foule de troubles nerveux sont apai-
sés, que beaucoup d'impressions fâcheuses se dissipent,
que quelques habitudes funestes sont suspendues et se
perdent ou brusquement ou peu à peu. « Tout cela,
me dit textuellement un médecin (qui opère ainsi et
avec succès), repose sur un principe unique, la crédu-
lité humaine. Nous arrêtons certaines imaginations,
nous en provoquons de nouvelles que nous soutenons ;
et pour ce faire, nous choisissons simplement le moment
où le sujet, commençant à s'endormir, emporte avec lui
dans son sommeil pour s'y accoutumer sans résistance
et s'en pénétrer à son insu, l'idée que nous lui avons
suggérée. »

Voilà donc ce qu'on a appelé le *petit hypnotisme.*
Quelques personnages de Nancy se sont émus de cette
épithète, comme de la dénomination de somnambule
vulgaire qu'on a quelquefois appliquée à leurs sujets.
On nous jette, disent-ils, ce mot de petit hypnotisme,
comme s'il voulait signifier un « hypnotisme de pro-
vince ». Les médecins de Nancy ont en vérité bien tort.
Si l'hypnotisme est un état maladif, on ne peut que les
féliciter d'avoir restreint auprès d'eux l'étendue de la
névrose, comme on remerciera cordialement tout
médecin d'avoir empêché son client d'avoir une « belle »
fluxion de poitrine. Si, au lieu d'être une maladie, l'état
hypnotique est une phase de convalescence et un
acheminement à la guérison complète, on ne saurait
encore trop les louer de produire de si précieux résultats avec de « petits » moyens.

Controverse entre les deux écoles.

Mais laissons là les mots, Nancy et Paris se renvoient réciproquement une objection qui est plus grave. Chacun des deux reproche à l'autre de ne pas avoir de quoi établir l'objectivité, l'authenticité, la réalité des phénomènes dont il fait montre. — « Vous, la Salpêtrière, dit Nancy, vous ne vous apercevez pas que tous les états de vos malades sont des états suggérés par vous. » — « Vous, Nancy, dit la Salpêtrière (1), vous ne pouvez pas prouver que tous les mouvements que vous prétendez avoir suggérés à vos malades ne sont pas simulés. » Un sceptique serait tenté de croire que les deux écoles ont raison l'une contre l'autre et que toutes les deux ou veulent nous faire dupes ou sont elles-mêmes dupes de fantasmagories. Je dirai sans paradoxe que chacune des deux a tort dans les soupçons qu'elle jette sur sa rivale. Le petit hypnotisme et le grand hypnotisme sont deux états distincts, et chacun a également des moyens irrécusables de prouver sa réalité.

On peut tomber d'accord que l'objection de la Salpêtrière contre Nancy : « Vous ne pouvez pas prouver que vos états dits suggérés ne sont pas simulés », n'a plus rien aujourd'hui de bien sérieux. Les expériences ont été trop nombreuses et faites dans des circonstances trop diverses ; on a vu trop de gens endormis par simple suggestion se laisser percer le bras avec une aiguille sans le sentir, pour croire à une telle force de simulation. Les cas particuliers de supercherie, est-il besoin de le dire ? sont toujours possibles, et il faudra toujours s'en défier. Mais il est impossible de ne pas croire un savant aussi éclairé, aussi indépendant que le profes-

(1) Voy. le volume du *Congrès international d'hypnotisme* de 1889.

seur Grasset, de Montpellier, quand il nous dit (1) :
« Comment expliquer par une simulation quelconque
les phénomènes pathologiques et thérapeutiques obte-
nus par l'hypnose : l'invasion suggérée d'une rougeur à
la peau, d'une paralysie flasque, et surtout ces faits si
curieux, dont je possède aujourd'hui nombre d'observations personnelles, de menstruations régularisées,
d'hémorragies arrêtées, de purgations provoquées, de
vomissements supprimés, etc., sous l'empire de la suggestion ? Comment invoquer la simulation là où l'action
de la volonté ne peut intervenir ? »

Ajoutons que la suggestion produit notoirement de
tels effets sur des individus qui ne sont ni épileptiques ni
hystériques, et nous aurons établi nettement la réalité
du *petit hypnotisme*.

Est-ce maintenant le petit hypnotisme qui crée de
toutes pièces le grand ? Autrement dit, le grand hypnotisme est-il tout entier produit par la suggestion ? Voilà
le problème retourné.

Que la suggestion modifie de vingt manières
les états des hypnotisés de M. Charcot, qu'elle les
modifie à leur insu, à l'insu des spectateurs, à l'insu
des expérimentateurs, et que ces derniers agissent par
une sorte d'influence mentale qu'on ne peut plus nier
comme on la niait, tout cela est probable, tout cela est
très intéressant. Mais cela ne prouve pas que, chez ces
sujets, tout soit l'œuvre d'une simple suggestion. Il y
a des états hypnotiques antérieurs à toute suggestion
ou plus forts que la suggestion à laquelle ils résistent,
donc indépendants les uns et les autres de la suggestion :

---

(1) GRASSET, *Leçons de clinique médicale*, p. 281, 1 vol. grand in-8°,
Montpellier et Paris (G. Masson), 1891. On pourra aussi consulter
avec fruit le chapitre sur l'Hypnotisme dans le beau *Traité des maladies du système nerveux* du même auteur. Je voudrais avoir plus
de compétence pour louer autant qu'ils le méritent ces ouvrages si
substantiels, si clairs et si méthodiques.

c'est ce qu'il est aisé de démontrer par des faits reconnus.

Est-il possible d'invoquer la suggestion quand l'hypnose est produite sur des animaux, quand elle est obtenue sur des coqs (d'après la vieille expérience du P. Kirker), sur des poulpes, sur des seiches, sur des crabes, sur des langoustes, sur des écrevisses, sur des grenouilles, sur des crocodiles, sur des serpents, sur des cobayes, comme l'ont établi des communications de M. Danielewski (de Karkoff) et de M. Guermonprez (de Lille) aux congrès internationaux de psychologie et d'hypnotisme (1) ?

Est-il possible d'invoquer la suggestion quand on hypnotise par attouchement des enfants à la mamelle, ainsi que l'a fait M. Liébault lui-même à Nancy ? Ou bien quand certains phénomènes physiques, un coup de gong ou de tam-tam, une lumière intense, agissant subitement, sans que le sujet en soit prévenu, le font tomber instantanément dans un état de catalepsie hypnotique ? Peut-on attribuer à la suggestion des faits d'hyperexcitabilité neuro-musculaire que l'école de Nancy n'a jamais pu parvenir à suggérer ? Peut-on lui attribuer la production obstinée de faits contre lesquels cette même suggestion méthodique lutte sans pouvoir en venir à bout, attaques de sommeil entièrement spontanées, se manifestant tout de suite par une contracture ou une anesthésie généralisée, avec conservation complète de l'intelligence (2) ? Peut-on lui attribuer les accidents que les médecins les plus prudents déclarent eux-mêmes à craindre et à prévoir, tout comme les accidents du chloroforme ? Si un hypnotiseur s'aperçoit (comme il est arrivé) qu'une attaque d'épilepsie ou

(1) Voy. particulièrement le *Congrès international d'hypnotisme*, p. 98 et suiv.
(2) Voy. GRASSET, *Leçons de clinique*, p. 184, 683.

d'hystérie survient, à son grand désespoir, chez le sujet qu'il hypnotise, avouera-t-il que cette attaque, c'est lui qui l'a suggérée? Enfin l'indépendance à l'égard de la suggestion est bien nette encore quand on considère l'action des zones hypnogènes (1). Tout en causant avec tel ou tel sujet, prenez-lui la main et serrez son poignet, là où a pu être dessinée une petite zone hypnogène : immédiatement il entrera en crise. Serrez toute autre partie du bras ou de la main, et le sommeil ne se produira pas (2).

Il y a donc évidemment chez un grand nombre d'hypnotisés des caractères somatiques fixes, indépendants de toute suggestion, antérieurs à toute suggestion, plus forts que toute suggestion : c'est l'honneur de l'école de la Salpêtrière de l'avoir prouvé.

Nous pourrions donc ici mettre fin à cet échange de coups et de ripostes et séparer définitivement les combattants. Le petit hypnotisme est une réalité : le grand hypnotisme en est une aussi. Il y a dans le petit hypnotisme des faits qui viennent uniquement de la suggestion, non de la maladie. Il y a dans le grand hypnotisme des faits qui viennent de la maladie et qui ne doivent rien à la suggestion : ce sont eux, au contraire, qui rendent possible une extension et une intensité si redoutables de la suggestion. Mais depuis lors la Salpêtrière a semblé se replier sur ses anciennes conquêtes et s'y reposer, tandis que l'école de Nancy se montrait agressive et envahissante. C'est donc à celle-ci que nous devons revenir. Nous lui avons rendu, croyons-nous, pleine justice ; mais il s'agit de savoir si un grand nombre de

(1) On avait déjà remarqué chez les névropathes des zones hystérogènes, c'est-à-dire des parties déterminées du corps qu'on ne pouvait exciter ou presser sans provoquer des crises hystériques. On a trouvé depuis des zones qui transmettent mieux que les autres aux centres nerveux l'action hypnotisante. Ces découvertes doivent beaucoup à M. le Dr Pitres, doyen de la Faculté de médecine de Bordeaux.
(2) GRASSET, *Leçons de clinique*, p. 283.

ses assertions n'ont pas besoin d'être contrôlées et réprimées. Ce n'est plus ici la question psychologique de la spontanéité et de l'unité de l'être vivant qui nous retiendra ; ce sera la question des rapports entre la maladie et la santé, ce sera ensuite la question de la responsabilité morale et des conditions dans lesquelles lutte ou succombe la volonté de la personne humaine.

VIII. — Psychologie de l'école de Nancy : ses paradoxes.

L'école de Nancy a deux ambitions : elle veut établir qu'avec son petit hypnotisme (qui est réel, qui est très bien, très sagement conduit par ses cliniciens), elle obtient pratiquement des résultats très avantageux ; mais elle veut aussi persuader que théoriquement son petit hypnotisme pourrait — *si elle le voulait* — produire, à lui seul, les phénomènes les plus épouvantables du monde. Ainsi, la simple suggestion suffit, suivant elle, à faire commettre tous les crimes, comme elle suffit à provoquer toutes les convulsions de la Salpêtrière. Or je voudrais achever de montrer que, si elle a réussi dans la première de ces deux tentatives, elle n'a pas réussi dans la seconde.

La théorie complète du Dʳ Bernheim, celle qui est appelée à soutenir les prétentions les plus extrêmes de son école, implique, si j'ai bien compté, les propositions que voici :

1º Que toute idée tend à passer à l'acte ;

2º Que toute suggestion crée cette tendance ;

3º Que la suggestion suffit à produire le sommeil et que le sommeil hypnotique n'est que le résultat d'une suggestion ;

4º Que tous les sommeils laissent à peu près l'individu dans le même état, et que les conditions du sommeil hypnotique ne diffèrent pas de celles du sommeil ordinaire ;

5° Que tout ce qu'on obtient d'effets dans l'hypnotisme, on l'obtient simplement par l'action combinée du sommeil et de la suggestion, qui, après l'avoir produit, s'y ajoute et s'y insère.

Or il n'y a pas une seule de ces propositions qui ne soulève une montagne de difficultés ou qui, pour être acceptée, n'exige des restrictions considérables.

« Toute idée tend à se faire acte. » — Oui, à la condition de ne rencontrer dans les tendances des autres idées aucun antagonisme, ou d'avoir vaincu leurs résistances, ou d'avoir obtenu de plusieurs d'entre elles une adhésion et un concours qui la fortifient, ou d'avoir en quelque sorte supprimé toutes les idées concurrentes, ce qui la débarrasse de tout obstacle. Dès qu'un enfant a une idée qui « lui passe par la tête », il veut la mettre à exécution, parce qu'il n'a que peu d'idées encore et que celles qu'il a sont inconsistantes. Aussitôt pensé, aussitôt dit ; aussitôt dit, aussitôt fait. Il n'en est plus de même de l'adulte. Il faut donc expliquer comment une idée déterminée cesse d'être enrayée et peut dès lors donner libre cours à sa tendance à l'acte. Ainsi M. Taine a bien pu dire que toute image tend à devenir hallucinatoire, mais sous cette même condition que nulle sensation actuelle et nulle image ne détourneront cette tendance ou ne lui feront équilibre. Comment donc s'opère le passage de cet état de mutuel antagonisme des idées à la tyrannie incontestée et entraînante de l'une d'entre elles ? M. Bernheim nous répond que c'est par la suggestion ; et il insiste sur cette idée qu'un phénomène morbide n'est que l'exagération d'un phénomène physiologique et quotidien, que la suggestion hypnotique n'est, en conséquence, que la suggestion ordinaire poussée à ses dernières limites. Eh bien ! ce

nouveau je répondrai : Oui, la suggestion hypnotique
est à la suggestion ordinaire ce que l'hallucination est
à l'image ; mais la question est précisément de savoir
sous quelle influence et par quel mécanisme la nature
va du phénomène contenu et atténué à la forme indis-
ciplinée, débridée, exaltée de ce même phénomène.

Ici l'on répliquera que, pour donner un tel résultat,
on endort purement et simplement le sujet ; on ajou-
tera (1) : « L'hypnotisme n'est pas un état particulier,
c'est le sommeil à ses divers degrés... Au fond, entre
le sommeil ordinaire et le sommeil hypnotique il n'y a
aucune différence. » Mais cette assimilation des deux
sommeils est un des paradoxes les plus étranges qu'on
ait soutenus dans ces derniers temps.

Assurément (et c'est là ce qui explique l'illusion du
Dr Bernheim), quand un médecin se borne à endormir
un individu et à dire à ses assistants et à ses élèves :
« Laissez-le tranquille, ce petit repos lui fera du bien »,
il ne se forme probablement là aucun état particulier.
Mais, vraiment, est-ce là tout l'hypnotisme ? D'autre
part, le Dr Bernheim veut persuader les gens que rien
n'est au-dessus de ses moyens d'action. S'adressant
donc à un homme distingué qui avait voulu connaître
sa clinique, à M. l'abbé Méric (2), il lui dit : « Voyez
ce malade, je vais l'hypnotiser et lui faire commettre
en votre présence un crime imaginaire ; et si je lui
commande de descendre dans la rue et de se faire écra-
ser sous les roues du tramway qui passe, il m'obéira
encore sans hésiter. » M. l'abbé Méric, qui rapporte ce
propos à lui tenu, ne nous dit pas — et pour cause, sans
aucun doute — que la chose ait été faite. En tout cas,
eût-ce été là du sommeil ordinaire ? Eût-ce été du petit

---

(1) *Revue de l'hypnotisme*, article cité de M. Bernheim.
(2) L'abbé MÉRIC, *le Merveilleux dans la science*, p. 10. Paris,
Letouzey.

hypnotisme ? Eût-ce été ce genre de suggestion de la mère qui endort son bébé et qui lui recommande chaque soir (1) d'être bien sage le lendemain ? Je m'adresse à tout lecteur non prévenu : est-il scientifique de vouloir ramener à des conditions identiques des états aussi différents (2) ?

La seule distinction que M. Bernheim veuille voir entre le sommeil ordinaire et le sommeil hypnotique est celle-ci (3) : « Le dormeur ordinaire, une fois son état de conscience immobilisé, n'est plus en rapport qu'avec lui-même, il ne reçoit ses rêves et ses suggestions que de lui-même, ses rêves sont spontanés... Le dormeur hypnotique s'endort avec l'idée immobilisée en rapport avec celui qui l'a endormi ; de là possibilité à cette volonté étrangère de lui suggérer des rêves, des idées, des actes. » — Suggérer des rêves, oui, en effet, cela est facile, et on peut en suggérer à tout dormeur. Je dirai même que M. Bernheim, croyant avoir mis ici la main sur l'unique différence, l'exagère. Le sommeil spontané ne brise pas absolument tout rapport avec le monde extérieur : les traités classiques des psychologues donnent vingt exemples de l'action que les phénomènes du dehors (mouvements, bruits, paroles, attouchements, température), faiblement et vaguement perçus, exercent sur la mobilité incohérente de nos rêves. Mais suggérer des idées suivies et des projets, des résolutions efficaces, enfin des actes véritables à un homme simplement

(1) Et toujours avec le même succès ? diront les gens malicieux.
(2) Dans sa déposition si diversement commentée lors de l'affaire Eyraud-Bompard. M. Liégeois a, sous ce rapport, été plus sage et plus exact : « Je crois, a-t-il dit, que l'état dans lequel se fait la suggestion des actes graves n'est pas un état normal. C'est un état analogue à celui *de l'aliéné qui commence à subir l'influence d'une idée fixe*. L'idée arrive, grandit peu à peu, puis finit par supprimer tous les freins, par faire disparaître les enseignements de l'enfance; c'est aussi l'état de la condition seconde. »
(3) Article cité. Cette assertion est d'ailleurs reproduite à peu près de la même manière dans toutes ses communications et tous ses écrits.

endormi du sommeil naturel, ce serait là une chose toute nouvelle, même dans l'histoire de l'hypnotisme.

Une telle découverte aurait des conséquences qui vaudraient bien la peine d'être vérifiées et appliquées. Il arrive à des prédicateurs d'endormir leur auditoire. La chose a passé jusqu'à présent pour un malheur peu grave, pour un accident tout au plus. Si l'on en croyait l'école de Nancy, on aurait passé là sans s'en douter à côté d'un des moyens de conversion les plus triom-phants que la Providence ait mis à la disposition des hommes apostoliques. Le missionnaire le plus soucieux du salut de ceux qui l'écoutent serait celui qui commen-cerait par les endormir doucement ; dès lors tout lui deviendrait facile. De même, ce ne serait plus dans la journée qu'il faudrait soigner les malades ou instruire les enfants ; ce serait à l'heure du sommeil, et la vraie salle d'étude serait le dortoir.

A-t-on du moins donné des faits qui rendent ces espérances vraisemblables ? En voici un (et je n'en ai guère vu d'autres) (1). « J'avais, dit M. Delbœuf, accom-pagné ma fille à une soirée dansante. Peu tenté de rester sur pied jusqu'à des quatre ou cinq heures du matin, je priai une voisine de vouloir bien la ramener, et je rentrai chez moi. Au moment de me mettre au lit, je m'aperçus que j'avais oublié de remettre à ma fille la clef de la maison. Il me vint une idée. Une de mes servantes *a été hypnotisée autrefois et est restée éminemment hypnotisable*. Elle dormait à poings fer-més, je m'approchai de son oreille et, touchant ses yeux, lui dis tout bas, de manière à ne réveiller ni elle ni sa compagne : « Mademoiselle rentrera dans deux « ou trois heures, vous irez ouvrir au premier coup de

_____

(1) *Revue de l'hypnotisme*, 2ᵉ année, p. 291. Ici M. Delbœuf est favorable à Nancy ; ailleurs il fait des réserves.

« sonnette. » Sans bouger, elle murmura un indistinct :
« Oui, monsieur. » Par précaution, je laissai la porte
de ma chambre ouverte, et n'entendis ni la voiture ni
le coup de sonnette ni la rentrée de ma fille. Le matin,
je demandai à la servante à quelle heure ma fille était
rentrée : — « C'est singulier, n'est-ce pas ? me dit-elle
« spontanément, moi qui dors d'habitude si fort, j'ai
« entendu le premier coup de sonnette, et j'étais à la
« porte que le cocher n'avait pas encore ouvert la
« portière. » Elle n'avait d'ailleurs aucune idée de la
suggestion qui lui avait été faite. L'identification que
l'école de Nancy établit, pour l'état de sommeil, entre
l'hypnotisme et la condition normale, me paraît aujourd'hui incontestable. »

C'est vraiment se contenter de peu. M. Delbœuf
oublie que le sujet de cette expérience, il nous l'apprend
cependant lui-même, avait été hypnotisé plusieurs
fois et était resté éminemment hypnotisable. Il oublie
aussi que c'était une servante, habituée à aller à la
porte, comme un concierge à tirer le cordon. Il y a là
amplement de quoi fausser l'expérience, et il faudrait
bien d'autres faits pour renverser sur ce point la vieille
théorie.

Cette vieille théorie, c'est que le bon sommeil normal est un état de repos complet, un état qui est comme
l'ensemble ou la somme des sommeils partiels à la
faveur desquels se réparent tous les organes fatigués.
Le sommeil hypnotique est un état dans lequel une
partie de l'individu est endormie plus profondément
que dans le sommeil ordinaire (1), tandis qu'une autre
portion de son être est très surexcitée, très sensible et
très active. Voilà déjà un grand contraste. La vraie

---

(1) On coupe une jambe à l'hypnotisé, comme s'il était chloroformé.
Est-ce là du sommeil ordinaire ?

caractéristique de l'hypnotisme, en définitive, c'est un mélange d'hallucination, d'extase et de somnambulisme. Quelquefois, nous le savons, ces trois phénomènes se produisent spontanément ; et vous, hypnotiseurs, vous les produisez artificiellement. Quand ils se présentent d'eux-mêmes, le sujet paraît-il être sain ? Mille fois non, c'est un malade, et un malade dont on est justement préoccupé. Marcher, parler et agir en dormant ne sont pas des symptômes beaucoup plus rassurants que d'entendre des cris et de voir des formes ou des couleurs là où les autres n'entendent rien et ne voient rien. Qu'on vous amène un malade affligé de ces divers troubles nerveux ou seulement de l'un d'entre eux ; que faites-vous d'abord ? Vous vous enquérez des antécédents ; vous voulez savoir quelles influences héréditaires, quels accidents de la nutrition ou de la circulation, quels phénomènes d'épuisement et d'anémie, quels désordres des centres, quelles émotions morales ont produit cet état. Comment prétendez-vous donc que ce qui suppose ici de telles perturbations se produise là d'une façon toute simple et inoffensive ? Ou bien vous avez affaire à une maladie latente qui répond en quelque sorte à votre attouchement et vous manifeste tout ce qu'elle était en puissance ; ou bien, cette maladie qui n'existait pas, c'est vous qui la produisez. Vous répétez que vous pouvez indifféremment hypnotiser n'importe qui. Mais qui donc vient à vous ? Et que lisons-nous sur la porte de votre logis ? « Clinique des maladies nerveuses. » Vous affirmez que vos expériences guérissent les troubles nerveux. Cela est très possible, de même que certaines substances médicamenteuses, par leur action modificatrice, guérissent des gens qui sont malades et peuvent tuer des gens qui ne le sont pas. Telles révulsions qui sauvent les premiers compromettent ou perdent les seconds. Encore

une fois, ne ramenons pas tout à ces petites manœuvres
qui endorment des clients crédules. Cela, c'est la tisane
de mauve ou de chiendent que vous pouvez donner
impunément à tout le monde et dont la dose importe
peu. Mais l'hypnotisme avec suggestion aboutissant
à l'hallucination et au somnambulisme, c'est ce qui
ne saurait être manié sans de très grandes précautions.

Quel est exactement le mécanisme qui agit dans ce
dernier genre d'hypnotisme ? Nous ne le connaissons
pas encore avec précision. Aucune des nombreuses
explications qu'on a tentées (substitutions chimiques,
paralysies fonctionnelles momentanées, etc., etc.) n'a
paru complètement satisfaisante, ce qui me dispensera
d'insister. On nous dit (à la suite de Brown-Séquard)
qu'il y a un jeu combiné d'*inhibition* et de *dynamogénie,*
ce qui veut dire qu'il y a, en même temps, arrêt,
suspension, disparition de certaines propriétés nerveuses et augmentation de certaines énergies dans un
foyer localisé. C'est là le fait constaté plutôt encore
que l'explication. On a cependant le droit de dire que
la simultanéité d'un affaiblissement sur un point et
d'une surexcitation sur un autre est un fait qui se
retrouve à peu près dans toute maladie. On peut ajouter
comme mis également hors de conteste que les « beaux »
sujets d'expérience sont ou des névropathes ou des
gens qu'on a besoin de former et d'entraîner. Mais
comment les entraîne-t-on ?

IX. — Expériences dangereuses.

Un médecin de la marine, M. le Dr Brémaud, a eu
le privilège (que de justes critiques (1) lui ont fait payer
un peu durement) de créer un état hypnotique parfai-

---

(1) Particulièrement M. Paul Janet, dans la *Revue politique et
littéraire* de 1886.

tement digne de prendre place dans les cadres nosologiques de M. Charcot. C'était l'état de fascination (on peut prendre ce mot tout à fait au pied de la lettre, et on aura une idée exacte et suffisante de la création du Dr Brémaud (1). Or ce dernier se vantait d'avoir pris ses sujets parmi des jeunes gens parfaitement sains. « Parfaitement sains! lui a-t-on répliqué, oui, peut-être, avant que vous leur ayez fait l'honneur de vous occuper d'eux! Mais comment dites-vous que vous avez procédé? » — « La première fois que l'on cherche à provoquer ce phénomène chez un nouveau sujet (2), il m'a paru *très utile,* pour en faciliter l'apparition, de provoquer tout d'abord un *état de congestion* encéphalique, soit en faisant tourner rapidement le sujet sur lui-même, soit en lui faisant rapidement baisser la tête sur le sol. » Puis, « je regarde vivement et brusquement ce jeune homme, l'effet est foudroyant ; *la figure est injectée,* l'œil est grand ouvert, *le pouls, de 70, est passé à 120.* »

Voilà un aveu sans artifice. On a tant reproché au pauvre docteur sa création des fascinés (3) qu'il y aurait cruauté à y revenir. Il y a cependant des rapprochements qui s'imposent. Le vieux magnétiseur Lafontaine s'étend quelque part sur les dangers du magnétisme mal fait. Il parle notamment des « congestions mortelles » qu'il peut occasionner quand on magnétise peu après le repas. Au Congrès international de Paris, le Dr Guermonprez ne faisait donc qu'être l'écho éloquent

(1) Avec cette différence pourtant que le fasciné du docteur ne reste pas immobile, mais qu'il suit irrésistiblement celui qui vient de l'hypnotiser et s'attache à lui pas à pas.

(2) Un homme compétent m'a affirmé que ces « nouveaux » sujets, d'ailleurs, avaient déjà servi à des expériences et à des exhibitions publiques de Donato.

(3) Le Dr Liébault, à Nancy, a produit une variété de la fascination, il l'appelle « le charme » C'est toujours la même préoccupation, très louable d'ailleurs dans la pratique, d'adoucir le phénomène.

de nombreux observateurs, quand il disait (1) : « Nous savons, nous médecins, que l'hystérie antérieurement latente a quelquefois commencé sa désastreuse évolution après des séances intempestives d'hypnotisme. Nous savons que la chorée ou danse de Saint-Guy a quelquefois eu un point de départ semblable. Nous connaissons des faits de déséquilibration mentale, d'épuisement nerveux et même de suicide. Nous avons été témoins attristés de l'aggravation de désordres nerveux de toute nature après des abus d'hypnotisme. Nous avons été surtout émus de ce désastre de la liberté qui se traduit pour les sujets hypnotisés par une déplorable tendance à l'état de subordination. »

Il est bien certain, en effet, que la passivité dans laquelle des expériences répétées plongent les sujets tend à se prolonger dans les intervalles des séances et à devenir un état habituel, même pendant la veille. Un jour, le Dr Gilles de la Tourette (2) s'amusait à suggérer quelque banalité à une femme dont on se servait beaucoup dans certaines expériences et qui était alors éveillée. Elle ne savait plus distinguer ce qu'elle voyait de ce qu'on disait : « Tenez, laissez-moi dit-elle, je suis trop fatiguée; on m'endort tous les soirs, et je ne sais plus ni ce que je fais ni ce que je deviens ; je crois tout ce que l'on me dit, je fais tout ce que l'on veut. Je ne sais plus où j'en suis; je n'ai pas l'ombre de volonté ; je crois, ajouta-t-elle, que je deviens folle. »

Cet état de passivité chronique nous amène à la célèbre question des suggestions criminelles. Il y a là un nouvel écheveau de difficultés à débrouiller.

(1) Congrès cité, p. 272.
(2) Ouvrage cité, p. 104.

X. — Suggestion et liberté.

Ce serait vouloir parler de tout à propos de tout que de chercher ici à démontrer comment les hommes sains et éveillés jouissent de leur libre arbitre, comment ils peuvent résister à ce que l'on a de tout temps appelé le tentation, la séduction ou... la suggestion (1). Je tiens cette vérité pour acceptée de tous mes lecteurs. D'autre part, qu'un fou, qu'un dément, qu'un épileptique, n'aient plus cette liberté, tout le monde l'admet. Qu'un homme endormi soit un homme désarmé contre lui-même et contre les autres, c'est ce qui est encore évident. Qu'un somnambule enfin ne soit pas responsable des actes commis dans cet état bizarre, tenant à la fois du sommeil qui engourdit et de de la névrose qui surexcite, personne ne songera davantage à le nier. Si donc on peut suggérer à un hypnotisé toute espèce d'idées, de sentiments et d'actions, on peut lui suggérer des actes criminels : on peut les lui faire accomplir à son insu et malgré lui. Il est difficile de se soustraire à cette conclusion : théoriquement, une telle possibilité est certaine, et des expériences cliniques dans lesquelles on a suggéré des crimes imaginaires, avec un commencement matériel d'exécution, semblent avoir achevé de le démontrer. Les faits toutefois ne sont pas si simples qu'ils le paraissent, et ils demandent à être étudiés d'un peu près.

Pénétrée de cette idée que dans l'hypnotisme c'est la suggestion qui fait tout, l'école de Nancy a été amenée à reculer jusque dans la vie quotidienne et éveillée cet empire de la suggestion. Peu s'en faut qu'elle ne croie tout individu, en quelque situation qu'il soit, hors d'état

(1) Il est bien clair que je prends ici le mot dans son sens vulgaire et ancien.

de résister à une suggestion quelconque, faite avec un peu d'assurance et sur un ton d'autorité. Je crois que l'analyse des expériences connues donne un tout autre résultat. Loin de consacrer cette abdication universelle de la liberté, elle nous montre la persistance de la personnalité et de la conscience là où l'on ne se serait pas attendu à les retrouver. Elle nous prouve que, pour vaincre ces résistances, la suggestion doit ou s'adresser à des sujets déjà désemparés par l'action de la névrose spontanée ou persévérer dans les pratiques abrutissantes d'un entraînement prolongé.

D'abord il arrive que la somnambule à qui l'on a suggéré un acte ridicule, honteux, coupable, discute avec le magnétiseur. Elle est bien endormie, mais de ce sommeil hypnotique partiel qui permet aux facultés d'opérer dans le rayon d'idées circonscrites par la suggestion même. Elle délibère sur l'acte qu'on lui demande; elle pèse les motifs et, suivant son caractère et ses habitudes d'esprit, elle cède à l'une et repousse l'autre. Les faits de cet ordre sont nombreux.

D'abord les hypnotisés ne se laissent même pas communiquer indifféremment tous les rêves et toutes les hallucinations qu'on leur propose. M. Beaunis (1) endort Mlle A. E. « Elle est endormie; je m'approche d'elle et lui demande : — Voulez-vous rêver? — Cela m'est égal. — Que voulez-vous rêver, un excellent déjeuner? — Non. — Je lui énumère ainsi plusieurs sortes de rêves que je lui propose. A tous même réponse négative. — Voulez-vous vous promener? — Oui. — Où? — Dans le jardin de Mme X. — Vous y êtes. Êtes-vous contente? — Oui. — Qu'y faites-vous? — Je me promène sur la terrasse (elle est immobile). Elle avait conservé assez de spontanéité pour faire un choix

(1) Voy. ouvrage cité, p. 186-7.

entre les diverses propositions qui lui étaient faites. »

A la Salpêtrière, M. Féré a fait les mêmes observations (1). « C'est surtout sous la forme d'un refus d'obéir à l'ordre que la résistance se produit; les malades résistent moins aux hallucinations qu'on leur donne, car leurs hallucinations entament moins leur personnalité. Nous avons cependant quelques exemples de ce fait. Un de nos sujets, quand on veut le transformer en prêtre et lui donner une soutane, s'y refuse obstinément. »

Mais quand il s'agit de suggérer des actes, c'est-à-dire des faits qui demandent une intervention volontaire, un effort personnel, leur résistance devient plus significative encore. C'est ce que M. Brouardel rappelait fort à propos dans l'affaire Bompard (2). « On cite, dit-il, l'exemple de deux jeunes filles auxquelles, pendant leur sommeil, on commande de prendre un bain froid. Après leur réveil (3), l'une le fait sans hésiter ; l'autre, au moment de retirer son corset, est arrêtée par un sentiment de pudeur ; elle a une attaque de nerfs et ne va pas plus loin. » Ces cas ne sont pas une des exceptions rares. MM. Féré et Binet citent aussi, de leur côté, des exemples très curieux.

« Un grand nombre de sujets, disent-ils (4), témoignent de leur honnêteté en se refusant à exécuter les vols qu'on leur commande. Les motifs de refus varient. Tantôt le sujet répond à l'opérateur : « Non, je ne volerai pas, je ne suis pas un voleur. » D'autres fois, le motif est moins élevé. Beaucoup de sujets répondent naïvement à une suggestion de vol : « On me verrait. » Les suggestions d'assassinat peuvent provoquer les

---

(1) Ouvrage cité, p. 107.
(2) Voy. *Brochure extraite de la Gazette des tribunaux*, p. 99.
(3) Il s'agit ici d'une suggestion à échéance.
(4) Ouvrage cité, p. 215.

mêmes objections... Nous citerons encore une de nos
malades à qui il est impossible de faire dire sa prière ;
une autre à qui il est impossible de faire chanter la
chanson qu'elle a composée contre l'un d'entre nous ;
une troisième qui résiste à l'ordre de souscrire un billet
d'un million et qui ne consent à signer que lorsqu'on
abaisse considérablement ce chiffre. »

Nous pouvons maintenant nous expliquer que l'hypnotisé, quand il obéit, laisse voir des regrets et des
remords. Qu'il les laisse voir quand il est éveillé, on
peut dire que la chose est moins surprenante ; on ne
s'étonne guère, par exemple, que dans la suggestion à
échéance, le patient, après avoir exécuté un acte un peu
malgré lui, cherche immédiatement une excuse et en
trouve une (1). On avait suggéré à une malade de tuer
une personne présente : elle se réveille, elle frappe —
avec un poignard de carton — l'homme désigné. Aussitôt elle s'interroge et, remarquant sur sa prétendue
victime une physionomie gouailleuse ou même (à ce
qu'on nous dit) égrillarde, elle soutient qu'elle a dû
défendre son honneur menacé (2).

Mais ce qui est plus remarquable, c'est que ces phénomènes de conscience troublée se manifestent souvent
dans l'état même d'hypnotisme. Qu'on reproche à un
somnambule, pendant son état de somnambulisme, l'acte
qu'on vient de lui faire accomplir en imagination, il
répond comme répond si souvent le vrai coupable : il nie.
M. Pitres raconte (3) qu'il avait suggéré à une femme en
somnambulisme d'assassiner une de ses voisines ; le
crime accompli, il la fit comparaître, toujours en
somnambulisme, devant un magistrat. Elle déclara

---

(1) Pas plus qu'on ne s'est étonné de l'insuccès de l'honorable
médecin qui, pour essayer les effets de la suggestion sur Gabrielle
Bompard, lui avait suggéré de devenir une honnête femme.
(2) FÉRÉ et BINET, ouvrage cité, p. 217.
(3) PITRES. *De la suggestion hypnotique,* Bordeaux, 1884. p. 60

qu'elle n'avait aucune connaissance du crime ; ce fut seulement après un dialogue très prolongé que, pressée de questions, accablée de preuves, elle finit par avouer qu'elle avait donné un coup de couteau à sa voisine ; encore mettait-elle dans ses aveux certaines réticences.

D'autres fois, le sujet prévoit, dans son rêve même, les conséquences possibles de l'action qu'il croit avoir accomplie. M. Beaunis suggère à une femme de voler une cuiller d'argent et de la mettre ensuite dans la poche de son amie. La personne exécute la première partie de la suggestion, non la seconde, et se borne à envelopper dans du papier l'objet dérobé. « Je l'endors de nouveau, dit M. Beaunis (1), et de nouveau je l'interroge. — « Pourquoi n'avez-vous pas mis la cuiller dans « la poche de votre amie ? — Je ne voulais pas qu'elle « fût soupçonnée ; c'était moi qui avais volé, tout « devait retomber sur moi. — Qu'auriez-vous fait de « cette cuiller ? Où l'auriez-vous mise ? Dans votre « chambre ? — *Je ne l'aurais pas gardée;* je n'aurais « pas voulu me servir d'une cuiller volée. » — Une fois réveillée, elle ne se rappela rien. »

Il n'est donc pas étonnant que le somnambule discerne très souvent ce qu'il fait et les circonstances où il doit soit continuer, soit cesser de le faire. « Une malade, entrée fort jeune à la Salpêtrière, a pris l'habitude de tutoyer M. X. lorsqu'elle se trouve seule avec lui ou en présence de personnes connues ; il suffit de l'arrivée d'un étranger pour qu'elle cesse aussitôt le tutoiement. Or, même quand on la met en somnambulisme, la malade conserve le sentiment des convenances, tutoyant M. X. quand elle est seule avec lui, cessant de le tutoyer dès qu'il arrive un étranger (2). »

(1) Ouvrage cité, p 191.
(2) Féré et Binet, p. 206-7.

Enfin, il y a un genre de résistance qu'il faut s'attendre à rencontrer chez les sujets : c'est la résistance à l'hypnotisation quand ils ont conscience qu'on les hypnotise pour obtenir d'eux quelque chose qui leur déplaît. On amène un jour au Dr Liébault un enfant indolent et paresseux dont on ne pouvait rien faire. M. Liébault l'endormit et lui suggéra de bien s'appliquer et de travailler; tout alla bien pendant quelque temps, et l'enfant faisait merveille. Mais au bout de quelques mois les habitudes de paresse reprirent le dessus; les parents voulurent essayer du même moyen, mais on se heurta à un obstacle inattendu : l'enfant ne voulait absolument pas se laisser endormir ; il avait travaillé à contre-cœur et ne voulait plus s'exposer à recommencer (1).

La réunion de tous ces faits montre à quel point la personnalité se défend dans les circonstances qui lui sont le plus défavorables. Voilà donc l'hypnotisme qui, sur le terrain moral comme sur le terrain psychologique, reconstitue cette unité de l'être humain qu'il semblait devoir réduire à l'état de poussière tourbillonnante et livrée au premier venu. Mais il ne faut pas se faire d'illusion. Si l'entraînement persiste, il fait son œuvre de destruction ; il la fait d'autant plus ruineuse qu'il accumule indéfiniment les mêmes effets, diminuant de plus en plus la réflexion et la faculté de comparaison, rétrécissant le champ des idées à choisir, en même temps qu'il surexcite l'imagination et en accroît l'automatisme. Notre personnalité, si grande par certains côtés, si débile par d'autres, peut-elle se conserver sous de pareils assauts? Le sommeil ordinaire, qui découvre si souvent les habitudes préférées ou les tendances secrètes du dormeur, ne laisse pas, en somme, subsister de véri-

---

(1) Voy. BEAUNIS, ouvrage cité, p. 153.

tables responsabilités. A plus forte raison en est-il ainsi du sommeil hypnotique : personne ne peut nier qu'il ne fasse de son patient un être irresponsable et un être dangereux.

Il y a un autre rapprochement qui s'est imposé de très bonne heure aux esprits réfléchis. Si vous enivrez un homme en lui mettant subrepticement dans son verre une certaine dose d'alcool, vous l'exposerez à faire toutes sortes de choses inconvenantes et fâcheuses, comme en fait un homme qui est ivre (1). Puis, vous aurez beau démêler, en psychologue et en moraliste (2), ce que son ivresse aura révélé en lui de penchants habituellement dissimulés, vous obtiendrez difficilement d'un tribunal qu'il déclare que cet individu a été enivré par le fait d'un autre et malgré lui. Je ne nie pas la responsabilité partielle, en théorie. Mais je crois que la justice humaine trouvera toujours ces cas très embarrassants. Dans le doute, il est probable que, laissant subsister la responsabilité civile, elle osera rarement condamner à une vraie peine un homme ayant agi sous l'empire d'une force à laquelle on pensera qu'il lui était impossible de résister.

L'hypnotisme doit donc grossir le nombre de ces cas douteux, sujets à controverse. C'est une raison de plus pour qu'on interdise formellement à tout individu de se laisser hypnotiser par un autre que par un médecin (3).

---

(1) Un avocat demandait récemment à la Cour d'assises de soumettre sa cliente à une expérience d'hypnotisme; il faisait une requête aussi inacceptable (à tous les points de vue) que s'il avait demandé qu'on enivrât devant les jurés — pour voir ce qu'il en résulterait — un accusé dans la cause duquel on aurait cru pouvoir alléguer un entraînement par ivresse.

(2) Comme l'a fait si finement M. F. Bouillier, dans son étude sur la responsabilité dans le rêve (*Etudes familières de psychologie et de morale*).

(3) Ainsi la Suède et la Norvège ont limité sévèrement le droit de vente de l'alcool (tout comme nous limitons la vente de la morphine ou celle de l'opium), et depuis lors les ravages de l'alcoolisme ont considérablement diminué dans les deux pays.

On rendrait alors les gens responsables, non pas directement des effets, mais de la cause ; ainsi on se refuse
à excuser un homme qui, avant d'aller faire un vilain
coup, a bu pour se donner du courage et s'est enivré
volontairement en mauvaise compagnie.

XI. — Suggestion et criminalité.

Le plus grand danger, à en croire l'école de Nancy,
serait dans la perversité calculée d'un hypnotiseur qui
se ferait, à bon compte, des instruments aveugles,
auxquels il aurait suggéré d'avance non seulement la
dénégation de l'acte accompli, mais l'oubli des suggestions de leur complice. Comme on l'a encore répété,
cela est théoriquement possible, et possible surtout
dans des expériences de laboratoire. A la clinique de
la Salpêtrière ou à celle de Nancy, on a des sujets
choisis, des sujets préparés et entraînés, des sujets
surtout qui n'ont point à se défier des magnétiseurs,
parce qu'ils savent que ce sont des médecins, curieux
sans doute et quelquefois indiscrets, mais honnêtes,
liés par le devoir professionnel et qui ne veulent que
leur faire du bien. Ils s'abandonnent donc à eux avec
confiance ; le plus souvent même ils vont au-devant de
leurs désirs. Supposez des médecins sans conscience,
oh ! assurément, il y aurait là une source d'abus
monstrueux ; je dis monstrueux dans le sens scientifique
du mot, parce qu'on pourrait créer au bout de quelque
temps de vrais cas tératologiques. Écoutons les organes
autorisés de la Salpêtrière.

« Rien ne serait plus facile que de rendre des sujets
complètement aveugles par suggestion, mais l'opérateur
doit se garder prudemment de faire des expériences
aussi graves, dans la crainte de ne pouvoir en supprimer
les résultats... » Pour que la suggestion produise des

effets aussi redoutables, il faut qu'elle soit répétée souvent. « Elle finit alors, au moins dans certains cas, par créer des habitudes. Un malade auquel on avait fait de fréquentes suggestions de paralysie motrice disait que souvent, en rêve, il se voyait paralysé d'une moitié du corps. Les suggestions de crimes expérimentaux ne doivent pas être faites à la légère : on ne sait pas toujours ce qui en reste (1). »

Tout cela est très sagement dit; tout cela demande à être pris en très sérieuse considération. Mais, à moins d'un de ces dévergondages épidémiques qui se produisent quelquefois, ces dangers ne sont pas beaucoup plus à redouter qu'il n'est à craindre de voir des physiologistes fonder un haras humain où ils feraient des monstres à volonté avec des sujets artificiellement dégradés. Quant à l'impunité de ces criminels de profession qui se serviraient de somnambules, c'est là un fantôme qu'il est bien aisé de dissiper.

Supposons un criminel méditant un attentat : il veut faire exécuter l'acte par un autre et se dérober sûrement. Il s'adresse donc à quelqu'un qu'il s'agit de magnétiser. Si celui-ci est un homme honnête et suffisamment intelligent, il refusera. S'il accepte sottement, mais sans mauvaises intentions, il peut être un mauvais somnambule, difficile à endormir et à entraîner, ne se livrant qu'à moitié, restant apte à obéir ensuite plus complètement aux suggestions comme à répondre plus franchement aux questions d'un nouveau magnétiseur. Toutes les hypothèses sont possibles. Mais dans de pareils cas, comme l'a très bien dit M. Delbœuf, le criminel, en quête d'une complicité qui lui manque ou qui ne le suit pas jusqu'au bout, est perdu. Il est dénoncé, démasqué, arrêté. En vérité, il risquerait beaucoup

(1) Féré et Binet, ouvrage cité, p. 148, 228.

moins de chercher un complice bien éveillé, pareil à lui, prêt à se compromettre comme lui : ce serait encore moins compliqué.

Que dirai-je maintenant de cet éloge de la suggestion guérissant les maux de la suggestion et de l'inévitable comparaison de la lance d'Achille ? La suggestion va-t-elle être, comme on nous le dit, un moyen de théra-, peutique morale et un moyen d'éducation ? La solution de cette question me paraît ressortir bien clairement de tout ce qui précède. Avez-vous constaté chez un enfant quelques habitudes ou quelques tendances qui, abandonnées à elles-mêmes, menacent de devenir funestes ? Alors vous avez le champ libre. En toute sécurité de conscience, essayez de la suggestion ; vous ne pouvez rien produire de plus fâcheux que ce qui existe ; il est même extrêmement probable qu'avec un peu de méthode vous pourrez atténuer le mal, peut-être le supprimer. Mais si le cas est moins sérieux, prenez garde à la fantaisie ; à une activité mal réglée prenez garde de substituer une passivité qui serait beaucoup plus regrettable. A l'éducation laborieuse de la personne tenue aussi éveillée et aussi attentive que possible, n'essayez pas de substituer l'éducation trop facile de la personne bien ou mal endormie : ce serait courir au-devant du ridicule et de l'insuccès.

XII. — Conclusion.

Résumons-nous et concluons.

L'hypnotisme et la suggestion (dans le sens où ce dernier mot est pris depuis quelques années par les médecins) sont deux ordres de faits liés l'un à l'autre.

Si les expériences d'hypnotisme et de suggestion ont mis en relief l'autonomie vitale des divers organes, elles ont fait aussi ressortir la solidarité persistante et, par conséquent, l'unité de l'organisme ; elles ont également montré comment la personnalité humaine lutte et se défend dans les circonstances les plus défavorables.

Il y a un petit et un grand hypnotisme, distincts l'un de l'autre, réels l'un et l'autre.

Au petit hypnotisme correspond un genre de suggestion dont les effets peuvent être nombreux, mais peu intenses, et se confondent presque avec les effets déjà connus de l'imagination sur les gens crédules et sur une vaste catégorie de malades.

Au grand hypnotisme correspondent des suggestions graves et profondes qui sont aux précédents ce que l'hallucination est à l'image. Comme l'hallucination et comme l'idée fixe, elles supposent un état pathologique, qui tantôt préexistait dans le sujet, tantôt a été créé artificiellement par l'entraînement des expériences de magnétisme. Le petit hypnotisme ne peut arriver à produire les effets du grand que s'il opère peu à peu dans ce second ordre de conditions. Alors les périls à signaler sont les mêmes.

Quoique ces périls ne puissent être, dans la pratique, aussi fréquents et aussi redoutables qu'on l'a dit, ils n'en sont pas moins à prévoir. Il deviendra peut-être nécessaire de réglementer l'usage de l'hypnotisme, comme on réglemente, en beaucoup de pays, la vente de l'opium, du haschisch, de la morphine ou de l'alcool (1).

_____

(1) L'étude de ces phénomènes, on l'a remarqué de différents côtés, revient périodiquement et disparaît quelquefois pour de longues périodes. Depuis quelques années la question paraît reposée ; mais nous nous sommes attachés à dégager ce qui est désormais acquis.

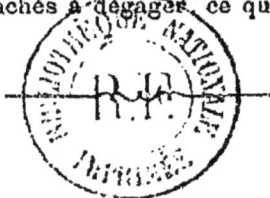

TABLE DES MATIÈRES

395-13. — Imp. des Orph.-Appr., F. BLÉTIT, 40, rue La Fontaine, Paris.

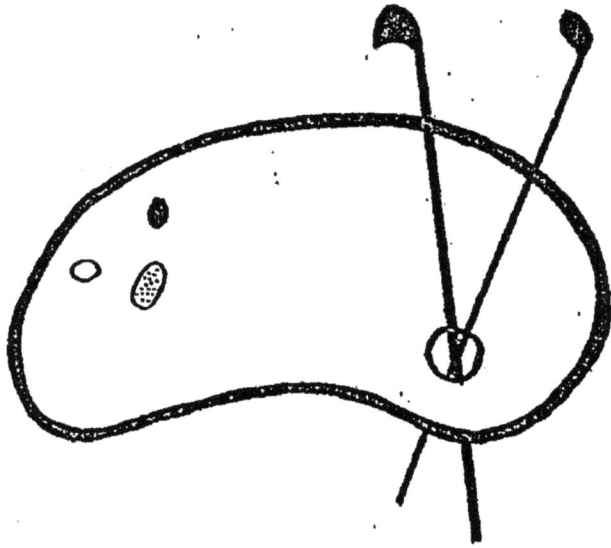

ORIGINAL EN COULEUR
NF Z 43-120-8

www.ingramcontent.com/pod-product-compliance
Lightning Source LLC
Chambersburg PA
CBHW070938280326
41934CB00009B/1923